bj

ANA FRANK
libre para soñar

T0055274

Miguel Ángel Álvarez Pérez

 Casals

Directora de la colección: M.ª Mercedes Álvarez

© 2012, Miguel Ángel Álvarez Pérez y Editorial Casals, SA
Tel. 902 107 007
editorialcasals.com
bambulector.com

Diseño de cubierta: Bassa & Trias
Fotografías: Aci, Aisa, Album, CordonPress, Getty Images
Mapas: Farrés, il·lustració editorial

Quinta edición: enero de 2022
ISBN: 978-84-218-4748-0
Depósito legal: M-249-2012
Impreso en Anzos, SL, Fuenlabrada (Madrid)
Printed in Spain

El papel utilizado para la impresión de este libro procede de bosques
gestionados de manera sostenible.

Cualquier forma de reproducción, distribución, comunicación pública o transformación
de esta obra solo puede ser realizada con la autorización de sus titulares, salvo excepción
prevista por la ley. Diríjase a CEDRO (Centro Español de Derechos Reprográficos,
www.cedro.org) si necesita fotocopiar o escanear algún fragmento de esta obra (www.
conlicencia.com; 91 702 19 70 / 93 272 04 45).

«Para alguien como yo es una sensación muy extraña escribir un diario. No solo porque nunca he escrito, sino porque me da la impresión de que más tarde ni a mí ni a ninguna otra persona le interesarán las confidencias de una colegiala de trece años.»
Ana Frank.

Prólogo

Dos meses después de tomar el poder en enero de 1933, los líderes nazis empiezan a cumplir su promesa de perseguir a los judíos alemanes. La primera ley, la «Ley de la Restauración de la Administración Pública», expulsa de la Administración a los funcionarios y empleados judíos. La siguiente limita el número de estudiantes judíos en las escuelas y universidades alemanas. Otra ley «reduce la actividad judía» y los médicos y abogados no pueden ejercer. En mayo de 1935 se prohíbe a los judíos ingresar en las Fuerzas Armadas. En septiembre, las «Leyes de Nuremberg» excluyen a los judíos alemanes de la ciudadanía del Reich. Se les prohíbe casarse o tener relaciones con personas «alemanas o de sangre alemana». Otras normas complementarias los privan del derecho a votar.

En algunos lugares públicos se exhiben carteles que rezan: los judíos no son bienvenidos. En 1937 el gobierno exige a los judíos registrar su propiedad, y para sacarlos de la economía alemana se comienza a «arianizar» las empresas judías: alemanes no judíos las compran a precios irrisorios fijados por el gobierno. Por fin, en una vuelta de tuerca más, en 1938, los líderes nazis deciden aislar y separar físicamente a los hebreos de sus compatriotas alemanes. Los judíos no pueden asistir a las escuelas y universidades públicas; los judíos no pueden pisar ni los cines ni los teatros; los judíos no pueden ir a los centros deportivos. En muchas ciudades, se les ha prohibido la entrada a barrios y zonas designadas como «arias». Los hombres y mujeres judíos tienen que agregar oficialmente «Israel» o «Sara» a sus nombres en sus documentos de identidad.

En la noche del 9 al 10 de noviembre de 1938, los nazis organizan una ola de violencia sin precedentes, es la Noche de los cristales rotos. Más de 7.000 tiendas y almacenes son destrozados; 1.574 sinagogas (prácticamente todas las que había en Alemania), incendiadas; muchos cementerios hebreos, profanados. Más de 30.000 personas son detenidas e internadas en campos de concentración recién creados al efecto. El número de judíos alemanes asesinados impunemente asciende a 200 durante los dos días que duran los levantamientos.

Los daños producidos indignan a muchos ciudadanos. Hitler, para congraciarse con ellos, ordena que paguen los judíos: mil millones de marcos serán «suficientes» en concepto de «reparación» de los destrozos. La multa supone la confiscación de 20% de todos sus bienes. Comienza la deportación masiva.

Los campos de concentración, diseminados primero por toda Alemania y luego por toda la Europa ocupada, van engullendo cientos de miles de judíos, gitanos y otras personas con diversas condenas. En el caso de los hebreos, el objetivo es claro: el exterminio total en masa. Viejos y jóvenes, mujeres y niños, enfermos y sanos, todos tienen el mismo destino: la cámara de gas, la asfixia con el monóxido de carbono producido por motores de automóviles, y el ametrallamiento. La legendaria eficacia y eficiencia germana puesta al servicio de la muerte, lo que los nazis llaman la «solución final».

Vuelta a casa

3 de junio de 1945. Amsterdam. Un furgón militar del ejército holandés con liberados de los campos de concentración va haciendo su triste recorrido por la ciudad. Pequeños grupos de supervivientes van bajándose en cada parada. Se despiden con la mirada y una sonrisa amarga pero llena de esperanza. El camión vuelve a detenerse en la calle Prinsengracht número 263, que corre paralela al canal. Un hombre golpeado por el dolor y la incertidumbre se apea del vehículo y se dirige con la mirada perdida a la puerta deteriorada del edificio que tiene enfrente.

Abre el portalón y sube lentamente las escaleras de madera que se quejan bajo su peso. Allí, arriba, solo, mirando los polvorientos rincones de la casa, se arremolina un torbellino de recuerdos en su cabeza. Las imágenes, las voces, las risas y los llantos, todo acude, se agolpa en sus sienes, amenaza con derrumbarlo. Las lágrimas asoman a sus ojos. Las habitaciones están como se dejaron casi un año atrás. El polvo es ahora el único habitante de la casa donde antaño se habían escondido ocho personas con la esperanza de sobrevivir a la persecución nazi.

Otto sabe que muchos están muertos, pero tiene la esperanza de volver a ver al menos a sus hijas con vida. Quiere abrazarlas, besarlas, no tener que llorar en la soledad la pérdida de Edith, su mujer. Mira al suelo y ve una bufanda, es la bufanda de su pequeña Ana. La recoge lentamente, le sacude el polvo y la aprieta con fuerza. Luego, se la acerca a la nariz, como si quisiera arrancarle un recuerdo vivo, que le asegure que Ana vive. Un nudo se le forma en la garganta. De repente, unos golpes detrás de él lo sobresaltan y lo devuelven a la realidad.

—Señor Frank... Señor Frank...

—Kugler... Miep...

—Hemos oído ruido arriba y nos hemos apresurado a subir. No sabíamos... no esperábamos...

—Señor Kugler, Miep, yo... no...

—Bienvenido a casa, Otto.

Hitler alcanza el poder

Otto Frank, el padre de Ana, nace el 12 de mayo de 1889 en Frankfurt am Main. Su padre, Michael Frank, es dueño de un banco especializado en el comercio de divisas.

Edith Holländer, madre de Ana, nace el 16 de enero de 1900 en Aachen (Aquisgrán). Es 11 años más joven que Otto. Pertenece a una familia distinguida de la comunidad judía de la ciudad. Los Frank y los Holländer son por tanto judíos alemanes, sus familias llevan muchos siglos viviendo en Alemania.

Cuando Otto termina el bachillerato a los 18 años, tiene la oportunidad de trabajar inmediatamente en el negocio de su padre. Sin embargo, no lo hace, ya que quiere empezar su vida profesional desde abajo, para lo cual prueba varios empleos, desde fabricar marcos para ventanas en una empresa de Düsseldorf hasta forjar herraduras para el ejército alemán en otra empresa, o incluso hacer unas prácticas en los grandes almacenes Macy's de Nueva York.

En 1915, ya en plena Primera Guerra Mundial, Otto Frank es llamado a filas. En el frente occidental asciende a teniente. Recibe la cruz de hierro al valor. En 1918 llega la paz. La guerra se ha cobrado más de 40 millones de vidas.

Su padre muere, y Otto se hace cargo a regañadientes de la dirección del banco de la familia. Seis años después conoce a Edith Holländer. Enseguida se comprometen y al mes siguiente se casan en la sinagoga de Aachen. Estamos en 1925.

Pero empecemos por el principio. Todas las historias tienen un protagonista. La nuestra se llama Annelies Marie Frank, Ana para los que la quieren. Ana nace en Frankfurt am Main, Alemania, el 12 de junio de 1929. Ana es la segunda hija del matrimonio. Su hermana Margot tiene tres años y la venida de su hermanita Ana es para ella un regalo.

—¡Qué manitas tan pequeñas! ¿La puedo coger, mami? ¿Me la dejas?

—Margi, no podrías con ella, se te caería.

—Por favor, mamá...

Los Frank viven en una casa grande y destartalada situada en un barrio tranquilo de las afueras de Frankfurt. Al principio todo va muy bien. Otto dirige el banco de su padre, gana mucho dinero, tiene una mujer buena y hacendosa y unas hijas encantadoras. Sin duda, la vida le sonríe.

Pero los acontecimientos no tardarán en torcerse. La crisis económica de Alemania entre los años 1920 y 1923 y la crisis mundial de principios de la década de 1930 extiende su largo brazo, y sus descarnados dedos estrujan con fuerza todos los rincones de las ciudades alemanas. El banco de la familia Frank acusa también esta crisis de forma palpable. La inflación llega a ser algo monstruoso; la gente se apresura a gastar sus sueldos a los pocos minutos de cobrarlos, los billetes se llevan a las tiendas en carretilla o en cochecitos de bebé. En realidad los billetes manaban a raudales, y a veces el comercio se interrumpía al retrasarse las prensas en producir nuevos billetes de cifras lo bastante altas para la compra del día.

Para colmo de males, los Frank tampoco están ahora ya tranquilos en casa. El propietario de su vivienda, que está afiliado al partido nazi, los mira con recelo.

—Otto —dice la señora Frank—. Creo que el señor Bauer nos espía.

—Edith, ¿cómo puedes decir eso? Es nuestro casero... ¿Qué interés puede tener en nosotros?

—De verdad, Otto, estoy muy preocupada, el otro día lo encontré dentro de nuestra casa con la excusa de comprobar la tubería de la cocina que gotea. Yo volvía con Margi de hacer la compra y ahí me lo encontré, plantado en medio del salón. Dio un respingo y empezó a balbucear no sé qué cosas.

No será la primera vez que sorprendan al casero espiando sus movimientos. Finalmente, Otto y Edith no pueden aguantar más la situación y deciden mudarse a otra casa. Es más pequeña, pero también más económica y mejor situada.

—Edith, está decidido, voy a pagar hoy el alquiler al señor Bauer, pasado mañana, que termina el mes, nos vamos. Haremos la mudanza cuanto antes. Nos iremos a la casa que vimos la semana pasada en Ganghoferstrasse. Ya he hablado con la casera, la señora Hintersberger, y nos permite desde hoy mismo trasladar cosas allí, así que lo mejor que podemos hacer es empezar a hacer cajas inmediatamente.

Estamos a finales de 1931. Si solo fuera una cuestión económica, el problema alemán, que es también un problema mundial, se acabaría arreglando con el tiempo, pero aparte de la profunda crisis económica existen también graves problemas políticos. La precaria República de Weimar está desgarrada por el fuerte tirón entre el partido comunista financiado por los soviéticos y el NSDAP, Partido Nacionalsocialista de los

Trabajadores Alemanes, que está subiendo como la espuma. El brutal movimiento, dirigido por Adolf Hitler y basado en una visión materialista y pseudocientífica del hombre –mezcolanza de filosofías paganas–, proclama la diferencia de razas y el mesianismo de la aria, superior a todas, a las que someterá, previa desaparición de «la más inferior y nefasta, la culpable histórica de todos los males de la Humanidad: la judía». Este es su nacionalismo ramplón y ciego.

Espoleados por la pasividad y el miedo de la policía, y por la mezcla de temor y admiración de la población, los nazis se envalentonan amenazando continuamente la convivencia pacífica de los ciudadanos. Boicotean con agresiones cualquier reunión política de signo distinto y violentan con sus atropellos los más elementales derechos humanos. El mismo Otto habla de ello en una entrevista:

«Recuerdo que ya en 1932 pasaban las tropas de la SA, cantando: "Cuando salpica del cuchillo la sangre judía..."».

En las elecciones generales de julio de 1932, el Partido Nacionalsocialista de los Trabajadores Alemanes llega al poder con el 37% de los votos. Después de intensas negociaciones, y a pesar de la pobre opinión que el viejo presidente Hindenburg –mariscal de campo y héroe de la Primera Guerra Mundial– tiene sobre Hitler, este es nombrado canciller del Reich: «Curioso hombrecillo es este Hitler... a lo más lo designaría como ministro del Ministerio de Correos». Sin embargo, ahora el general de 85 años, enfermo y acabado, firma el decreto. La noticia se extiende como la pólvora por todos los rincones del país.

«Herr Hitler ha sido nombrado canciller del Reich. Las SA han realizado una grandiosa marcha de antorchas por Berlín. Los gritos de júbilo se oyen por doquier, miles de personas aclaman al nuevo canciller del III Reich, Adolf Hitler, quien ha terminado su discurso en el Reichstag pidiendo a la población: "Denme cuatro años".»

Así habla la radio. Miles de personas tienen encogido el corazón.

Opekta, fábrica de mermeladas

El mundo alrededor del señor Frank se viene abajo con todos estos acontecimientos. Ya no está seguro ni en su propia ciudad ni en su propio país, y sabe que esto es el principio de algo peor que se avecina. Está claro que tiene que actuar de forma rápida. Con gran dolor de su corazón se da cuenta de que Alemania ha dejado de ser su mundo, así que decide abandonarla para siempre.

La ocasión se va a presentar muy pronto gracias a su cuñado, quien le brinda la oportunidad de fundar una empresa de fabricación de mermeladas en Amsterdam. Se trata de vender Opekta, producto utilizado en la elaboración casera de mermeladas, una afición culinaria aún muy generalizada en los países del norte de Europa.

Así que en el verano de 1933 Otto Frank viaja a Holanda. Mientras está ocupado poniendo en marcha su empresa, Edith, Margot y Ana se quedan en casa de la abuela materna, que vive en Aachen. Sin embargo, la señora Frank viaja frecuentemente a Amsterdam para buscar una casa donde instalar a su familia. A finales de ese año de 1933 la encuentra. Es una vivienda recién construida en la plaza Merwedeplein, un barrio nuevo de la ciudad. Margot, la hermana de Ana, viaja a Amsterdam en diciembre. Sus dos tíos maternos la acompañan.

—Mamá, Ana quiere venir, pero dice la abuela que tiene que quedarse unas semanas más —dice Margot.

—A la abuela le va a resultar muy difícil tenerla unas semanas más, pues estará muy revoltosa y no parará hasta que la dejen venir con sus papás y su hermana mayor.

—En cuanto pueda la traeremos —dice Otto.

En enero Margot empieza a ir al colegio. Sus padres la inscriben en una escuela pública progresista, lo que no es obstáculo para enviarla dos veces por semana a clases de religión judía. El 16 de febrero Margot recibe por su cumpleaños un regalo muy especial:

—Margot, corre, ven al salón, toma tu regalo de cumpleaños —la apremia su madre. Y ponen a Ana encima de la mesa ante los atónitos ojos de la niña.

—Ana, Anita...

—Margi...

Se besan, se abrazan. Los padres se miran satisfechos. Por fin la familia está otra vez al completo.

«Después de lo que habíamos experimentado en la Alemania nazi, en Holanda recuperamos nuestras vidas. Pudimos volver a empezar y sentirnos libres», dirá más adelante Otto Frank.

En mayo de 1934, Ana comienza a ir al jardín de infancia de una escuela Montessori, institución fundada por Maria Montessori, educadora, psiquiatra, filósofa y devota católica de principios del siglo XX.

Según pasan los años las niñas crecen felices en la normalidad típica de una familia media bien acomodada. En el barrio hay muchos niños con quienes jugar; allí se mezclan sin problemas todos los credos: niños judíos, católicos y protestantes, todos juegan juntos, y las niñas aprenden muy rápido el holandés.

Opekta, la empresa de Otto Frank, va a las mil maravillas. Otto se encarga sobre todo de confeccionar el material publicitario y los anuncios. Además, realiza demostraciones de su producto en reuniones de asociaciones de amas de casa. Pronto necesita más personal, así que contrata a dos colaboradores, Victor Kugler y Miep Gies, quienes ocuparán un lugar muy importante en nuestra historia: Kugler es su mano derecha y se hace cargo de los pedidos; la joven señora Miep Gies atiende fundamentalmente el teléfono e informa a los interesados y futuros clientes de las características del producto que comercializan.

Pasado un tiempo, y cuando se recrudece el antisemitismo, también la abuela de Ana abandona Alemania. En marzo de 1939 consigue trasladarse a Holanda a escondidas. Para ello, tiene que dejar atrás todas sus pertenencias. Le cuesta mucho, pero la vida es más importante, así que se instala en casa de su hija y su yerno Otto, en Amsterdam.

La guerra también llega a Holanda

En el nuevo barrio, Ana y Margot hacen nuevos amigos. Sus padres también. Traban amistad con los Goslar, una familia muy buena y religiosa cuya hija, Hanneli, se hace íntima amiga de Ana. Siempre están juntas y se cuentan todas sus cosas. Hanneli recuerda que su madre la llevó al jardín de infancia. Recuerda muy bien aquel momento: cuando entraron, vieron a Ana en el otro extremo del aula, de espaldas a ellas, jugando con unas campanitas. Entonces la niña se volvió y la miró; ella le devolvió la mirada y corrieron a abrazarse. Ana no hablaba una palabra de holandés. A partir de ese momento no se volverían a separar, hasta el final... Recuerda que fue una infancia feliz, hasta que en 1940 el ejército alemán invadió Holanda.

Por su parte, el padre de Ana dedica mucho tiempo a sus hijas, las va educando exquisitamente, pero Ana no siempre lo comprende. Él aprovecha el momento de acostarse para acercarse a la habitación de su hija y darle las buenas noches. A veces se sienta en la cama, a sus pies.

—Te gusta darte caprichos, Ana, y todavía más que te los den otros...

—¿Eso hace de mí una mala persona, papá?

El padre sonríe y niega con la cabeza:

—Las buenas personas y las malas tienen en común que cometen errores, pero las buenas personas admiten sus errores y aprenden de ellos.

La niña se queda pensativa y de pronto dice:

—Cuéntame lo de las Paulas, Pim.

—Es un cuento para niños, no para una mujercita como tú —se queja su padre.

—Lo sé —se acomoda Ana entre las sábanas—, pero quiero oírlo otra vez, por favor, papá.

—Las Paulas viven entre nosotros —concede el padre—, no se las ve, pero algunas veces, si estás completamente quieta y escuchas con atención, puedes saber dónde se ocultan… Pero ¡cuidado!, nunca sabes a qué Paula te encontrarás, si a Paula la buena o a Paula la mala, que siempre está causando problemas.

—Yo no quiero ser como Paula la mala, pero a veces no lo controlo y se me escapa.

—No importa —su padre la mira con cariño—, siempre que guardes a Paula la buena en el corazón.

Ana mira fijamente al techo y responde al cabo:

—Papá, ¿podrían ser la misma persona Paula la buena y la mala?

—Vaya… —duda su padre acariciándose la barbilla—. Sí, supongo que es posible.

—Puede que la buena tenga miedo de lo que puedan pensar de ella —aventura Ana—, y por eso a veces es mala, al menos eso creo yo, y tú siempre me has dicho que debo pensar por mí misma.

—Así es.

—Buenas noches, Pim.

—Buenas noches, Ana.

1939. Crece la amenaza de guerra. La Alemania nacionalsocialista ha creado un poderoso ejército. El 1 de septiembre de 1939, el ejército alemán invade Polonia. Inglaterra y Francia declaran inmediatamente la guerra a Alemania. La población holandesa y los refugiados alemanes en Holanda esperan que el país mantenga su neutralidad como en la Primera Guerra Mundial.

Al terminar de comer en casa de los Goslar todos se sientan a tomar café. Ana y su amiga Hanneli se apartan a un rincón y se ponen a ver fotos de un álbum familiar que Hanneli ha sacado de una estantería. Los hombres conversan.

—Lo de Hitler es una fiebre, Hans —dice Otto—. Alemania se recuperará, ya lo verás.

—¿Qué impedirá que ese loco se anexione Holanda para liberar a sus «hermanos germanos»? —se queja su amigo—. Hitler le ha echado el ojo a nuestro país.

—Pero Holanda es distinta —lo interrumpe el señor Frank —, seguirá siendo neutral.

—En serio, Otto, ¿de qué valdrá el ejército holandés ante una incursión aérea? Nuestros soldados irán al frente en bicicleta...

—Ojalá pudiera refutarte eso, pero me temo que no puedo... Es mejor seguir todos juntos y tener fe.

—Otto, a veces creo... que tienes demasiada fe en las personas.

—El día que la pierda no merecerá la pena vivir.

Pero el 10 de mayo de 1940 sucede lo que todo el mundo había temido que pudiera ocurrir: el ejército alemán invade Holanda. Los aviones bombardean el centro de Rotterdam. Cuando los alemanes amenazan a las autoridades holandesas con bombardear otras ciudades, el ejército holandés se rinde y abandona el combate. Cinco días después del inicio de la invasión, Holanda es un país ocupado.

—Solo han pasado cinco días y ya hay gente que se ha tirado por la ventana.

—El pánico no trae nada bueno, Hans, tenemos que adaptarnos.

—Ya nos adaptamos en Alemania...

Igual que en Alemania, las medidas antisemitas se suceden rápidamente: los judíos deben llevar una estrella de David; los judíos deben entregar sus bicicletas; a los judíos no les está permitido viajar en tranvía ni en coche; los judíos solo pueden hacer la compra desde las tres hasta las cinco de la tarde; solo pueden ir a una peluquería judía; no pueden salir a la calle desde las ocho de la noche hasta las seis de la mañana; no les está permitida la entrada en los teatros, cines y otros lugares de esparcimiento público; los judíos no pueden ir a las piscinas ni entrar en las pistas de tenis o de hockey, o de cualquier otro deporte; en realidad no pueden practicar ningún deporte en público; no les está permitido estar sentados en sus propios jardines después de las ocho de la tarde, tampoco en los jardines de sus amigos; los judíos no pueden entrar en casa de cristianos; tienen que ir a colegios hebreos...

Ana deja de ir al colegio Montessori y tiene que ir por fuerza al Liceo Judío. Sin embargo allí conoce a Jackie, que será para ella otra gran amistad.

—En el colegio Montessori tenía muy buenos amigos, lloré mucho cuando nos dijeron que no podíamos seguir estudiando allí —le dice Ana a su nueva amiga.

—Pues en mi colegio había unos niños horribles que nos señalaban y nos insultaban —dice a su vez Jackie—; nos asustamos tanto que mis padres me sacaron de allí.

—Bueno, puede que haya sido mejor así; de no haber sido por los alemanes, no nos habríamos conocido.

En enero de 1941 la familia Frank tiene que ir al Departamento de Registro de Judíos; allí les sacan fotografías y les toman las huellas dactilares. Después de registrarlos les extienden un documento nuevo de identidad en el que consta que son hebreos.

—Papá, ¿acaso tenemos algo malo los judíos?

—No, Ana, nunca debes pensar eso.

—Debemos de haber hecho algo horrible —dice mirando para otro lado con los ojos llenos de lágrimas.

—Ana, hay personas que son buenas y tienen problemas sin haber hecho nunca nada malo.

—¿Tú crees que yo soy buena?

—Sí, lo creo.

Un diario

—Papá, mamá, ¿puedo levantarme ya? ¿Puedo ir al salón a ver los regalos?

—¡Ana!, ¡son las siete de la mañana!

—No puedo dormir, ya llevo una hora despierta y como hoy es mi cumpleaños...

—Está bien, vamos a desayunar primero y después iremos al salón.

Es 12 de junio de 1942, Ana Frank cumple trece años. Entra con gran ansiedad en el cuarto de estar, y lo primero que ve entre un ramo de rosas y dos ramas de peonías es un cuaderno de tapas duras.

—¡Pim, esto es lo más bonito que he recibido!

—Y la blusa, Ana, ¿no te parece bonita? —dice la madre, celosa.

—Claro que sí, mamá, me encanta.

Y sobre la mesa están extendidos los regalos. Es consciente de que está muy mimada: una blusa azul, un juego de mesa, una botella de zumo de uva, un puzle, un tarro de crema, un billete de 2,50 florines y un libro. También un vale para comprar otros dos libros, una bandeja de galletas caseras, muchos dulces y una tarta de fresas hecha por su madre. Y por último una carta de la abuela.

Pero lo mejor ha sido el cuaderno-diario.

—Papá, ¿tienes una pluma? La voy a necesitar para escribir en mi cuaderno, voy a empezar un diario ahora mismo, y le contaré todos los acontecimientos importantes, será mi confesor, será mi confidente y, por supuesto, no podréis leerlo sin mi permiso.

—Ana, te prestaré mi pluma —sonríe su padre—, pero mañana iremos a la papelería y te compraré una nueva.

—Pim, eres el mejor padre del mundo.

Y besa a su padre en un arranque de entusiasmo, y luego, volviéndose a su madre, que la mira expectante, también la besa.

Ana tiene una cualidad: es una niña curiosa, extrovertida y ocurrente, que hace preguntas continuamente a todo el mundo, a sus padres, a sus tíos, a los conocidos de sus padres y, en fin, a todo el que se le pone a tiro. Cuando hay visitas en casa es difícil librarse de ella; todas las cosas y todas las personas le interesan.

Comienza a escribir en el cuaderno enseguida, piensa poder confiárselo todo a su «nuevo amigo», en este caso, amiga, pues le pone por nombre Kitty.

Llaman a la puerta, es su íntima amiga Hanneli Goslar que la viene a buscar para ir juntas al colegio. En el recreo convida a galletas a los profesores y a los alumnos. Cuando regresa a casa a las cinco, hace una fiesta con sus amigas, juegan al voleibol y meriendan entre la más inocente alegría. Son niñas sanas, escolares normales como los demás millones de niños del resto de Europa, inconscientes de que la más inmensa tragedia provocada por el mundo adulto está a punto de cernirse sobre ellas.

Unos meses después del cumpleaños de Ana, los Frank tienen que ir otra vez al Departamento de Registro de Judíos. Esta vez les dan un distintivo que deben llevar prendido en la ropa, y además han de pagar «por el privilegio».

De vuelta a su trabajo, Otto llama a su despacho a su colaboradora Miep Gies.

—Entra, Miep, siéntate. Supongo que habrás leído que los alemanes han cogido a todos los judíos de las provincias y los han enviado aquí a Amsterdam. El Consejo Judío nos ha pedido colaboración. Se habla de deportaciones y campos de trabajo. ¿Te acuerdas de aquellos pobres chicos que cogieron en febrero? Los enviaron a esos campos y ninguno ha regresado.

Otto se pasea por la habitación, de repente se acerca a su colaboradora que lo mira angustiada, él la mira fijamente a los ojos y le espeta:

—Edith, las niñas y yo vamos a escondernos.

La chica lo mira sorprendida.

—El señor Van Pels y su familia vendrán con nosotros —continúa—, no esperaremos a que los nazis nos arranquen de nuestras casas, desapareceremos sin más.

—¿Y a dónde irán? —pregunta Miep temblorosa.

—Aquí —sentencia el señor Frank.

—No lo entiendo…

—Al anexo que hay aquí detrás del edificio; nos trasladaremos allí el 16 de julio.

—Pero si queda menos de un mes —susurra Miep.

—Kleiman y Kugler me han estado ayudando a llevar allí algunas pertenencias y suministros. Necesitaremos a alguien de confianza en el exterior que nos ayude en nuestro encierro —se interrumpe, y la mira con cariño— pero lo que quiero... bueno, lo que querría ahora de ti...

—Sí, lo haré, por supuesto —le interrumpe Miep Gies asintiendo con la cabeza—, lo haré.

—Piénsalo, Miep —le agradece Otto—, será mucho trabajo y con un gran riesgo, y si te cogen...

—He dicho que lo haría, y lo haré —resuelve.

—Gracias, Miep.

—Ana y Margot... ¿ya lo saben?

—No, aún no, quiero que de momento disfruten un poco más de la vida.

6

El plan

Las vidas de nuestros protagonistas transcurren con gran sobresalto. El resto de la familia Frank se ha quedado en Alemania y sigue siendo víctima de las medidas antisemitas decretadas por Hitler. Tras los pogromos de 1938, los dos tíos maternos de Ana huyen del país y consiguen llegar sanos y salvos a Norteamérica; su abuela, de setenta y tres años, se va a vivir con los Frank. Ana está contenta.

—¡Qué bochorno, Margi!, nos estamos asando, y con el calor que hace, tener que ir andando a todas partes... Hasta ahora no me había dado cuenta de lo cómodo que puede resultar un tranvía, sobre todo los que son abiertos, pero ese privilegio ya no lo tenemos los judíos: a nosotros nos toca ir en el «coche de San Fernando» y además...

—Cállate un poco, Ana, me estás provocando dolor de cabeza, ya estamos llegando a casa.

—Margot, tengo que contarte una cosa.

—¿El qué?

—Hace unos días, cuando estábamos dando una vuelta alrededor de la plaza, papá empezó a hablar del tema de la clandestinidad; dijo que será muy difícil vivir completamente separados del mundo. Le pregunté que por qué me estaba hablando de eso ahora, y ¿sabes qué me dijo?

—Pues, no… Si no me lo dices…

—«Mira, Ana», me dijo, «ya sabes que desde hace un tiempo estamos llevando ropa, alimentos y muebles a casa de otra gente. No queremos que nuestras cosas caigan en manos de los alemanes, pero menos aún que nos pesquen a nosotros mismos; por eso, nos iremos por propia iniciativa y no esperaremos a que vengan a por nosotros». Yo le contesté: «Pero papá, ¿cuándo será eso?», y se puso muy serio y me dijo: «De eso no te preocupes, ya lo arreglaremos nosotros, tú disfruta de la vida».

—Ana, a mí también me ha dicho algo parecido…

—¿Y qué vamos a hacer, Margot? Di, Margot, ¿qué vamos a hacer?

—Calla, que ya estamos llegando…

Efectivamente, ya desde principios de 1942, Otto Frank ha previsto que algún día tendrían que esconderse. Se le ocurre la idea de instalar un refugio en la parte de atrás del edificio donde se encuentra su empresa, que está desocupada. Comenta el plan con sus colaboradores Victor Kugler y Johannes Kleiman. Ha pedido, además de la ayuda de Miep Gies, la de Elisabeth, «Bep» Voskuijl, la secretaria de Opekta, una chica de 23 años, cuyo padre es el capataz del almacén. Les pregunta si están dispuestos a ayudarlo a él y a su familia, además de a los Van Pels. Los ha advertido del peligro que corren ellos mismos si lo ayudan. Sus cuatro amigos aceptan inmediatamente a sabiendas de que con ello ponen en peligro sus vidas. Entre todos instalan el refugio y acondicionan el escondite para las dos familias.

—¡Mamá, papá, hemos conseguido huevos frescos! —dice Ana nada más llegar a casa.

—Bien hija, contadnos lo que habéis hecho —responde su madre.

En ese momento llaman a la puerta.

—Abre, Margot —dice Otto.

—No, espera, voy yo —se adelanta la madre, y se dirige al zaguán. Poco después vuelve toda blanca y demudada; Otto se percata de que algo no marcha bien.

—Edith…

—Otto, ven un momento.

El matrimonio se retira a su dormitorio y la señora Frank le entrega una carta certificada que acaba de traer el cartero:

«Preséntese en el campo de tránsito Westerbork, 15 de julio, 13:50, Estación Central».

¡Dios mío! ¡Una citación para Margot! —exclama Otto.

—¿Qué vamos a hacer? —solloza su esposa—, todo el mundo sabe lo que eso significa…

—La mandarán a Alemania a un campo de trabajos forzados, y si Margot no se presenta nos detendrán a todos.

Y entonces la mujer se abraza a su marido.

—Siempre pensamos que vendrían a por nosotros, no a por las niñas. ¡Oh, Otto! —dice entre lágrimas—, esto es el fin.

—No, Edith, esto es el principio de nuestro plan.

La huida

—Escondernos… ¿Dónde nos esconderemos, Margi? ¿En la ciudad, en el campo, en una casa, en una cabaña, cómo, cuándo, dónde? Papá no me dice nada, solo me aconseja que tenga paciencia.

—Ana, duérmete, estoy muerta de cansancio…

Ana también estaba muy cansada, y aunque sabía que era la última noche quién sabe en cuanto tiempo que dormiría en su cama, cayó rendida.

Si bien el refugio no está terminado aún —por todas partes hay cajas llenas de cosas—, los Frank han decidido instalarse cuanto antes.

—Pim, ¿cuánto tiempo estaremos escondidos?

—Unas semanas —dice su padre nada convencido —, puede que un par de meses, hasta que acabe la guerra.

—Y ¿a dónde iremos? ¿Estaremos en la ciudad?

Otto no contesta, ahora está atareado intentando cerrar una de las numerosas mochilas repleta de cosas.

—¿En el campo? —insiste la niña—. ¿Por qué tanto misterio?

—Mañana lo sabrás —le aclara el señor Frank—, pero seguiremos juntos, que es lo importante.

—¿Podré escribir a Jackie? —pregunta con ansiedad.

—Ella no debe saber nada —sentencia su padre.

—¿Y Murti? ¿Podré llevarlo conmigo?

—Lo siento, le dejaremos comida y una nota para los vecinos.

—No es justo —se derrumba la niña.

—No —concede el padre—, no lo es.

Y abraza a su hija, que solloza suavemente entre sus brazos.

—Papá, no podemos dejar a Murti aquí —suplica Ana.

—Ana, el gato no puede venir, ya hemos hablado de esto varias veces.

—Se morirá…

—No, no se morirá, te he dicho que dejaremos una nota para el señor Goldschmidt, y alguien, quizás él mismo, se hará cargo de él.

El 6 de julio de 1942 la aventura comienza. Son las cinco y media de la mañana; en la casa de los Frank se encienden las luces.

—Como dijimos ayer, cada uno se pondrá toda la ropa —dice Otto.

—Pero ¿es necesario de verdad? —señala Ana horrorizada al ver la cantidad de prendas que tenía asignada— parece como si tuviéramos que pasar la noche en un frigorífico, ¿no podríamos volver luego a por más? O mejor, llevarla en bolsas…

—A ningún judío que estuviera en nuestro lugar se le ocurriría salir de casa con una maleta llena de ropa —dice.

Su mujer, Edith, que está desolada y no habla, solo mira —vidriosos los ojos— al frente.

—Ya llevo puestas dos camisetas —se queja Ana—, tres pantalones y un vestido, y encima una falda, una chaqueta, un abrigo de verano, dos pares de zapatos, un gorro, un pañuelo…¡Me estoy asfixiando!

—Ana, no tenemos más remedio —zanja su padre—, el tiempo apremia y no podemos dejarnos sorprender nada más empezar.

—Las camas deshechas, la mesa del desayuno sin recoger y medio kilo de carne para el gato en la nevera… Todo da la impresión de que hemos abandonado la casa atropelladamente —añade Margot.

El padre le aclara:

—Eso es exactamente lo que queremos que piensen.

Y comienza a escribir una carta a un familiar, donde le explica que se van a Suiza.

—Esto les engañará —afirma.

Se levanta y entra en su habitación. Allí, la madre, llorosa, hace la cama. Otto mira a su mujer:

—Deja eso.

Y luego añade con cierto despecho:

—Déjalo todo, Edith… no podemos vivir en el pasado, solo importa el futuro.

Y se abrazan.

Ana, en su cuarto, se despide de su gato Murti, solloza, lo estrecha contra su pecho y lo besa, mojándole el suave pelo.

—Ana, date prisa, por favor.

Margot mira por última vez sus peluches, aquellos con los que había crecido, que la habían consolado en multitud de ocasiones y a los que había confiado sus más íntimos secretos, y que ahora ocupan un lugar preeminente en su habitación, testigos mudos de la tragedia.

Terminados todos los preparativos, empiezan a salir de uno en uno de la casa a intervalos de cinco minutos. Llevan consigo varias bolsas repletas de cosas. Tienen que ir andando, caminar cinco kilómetros, ya que a los judíos les han requisado las bicicletas y no les está permitido coger ningún medio de transporte. Ana, que es menor de edad, sale con sus padres. Edith es la última en salir, echa una última mirada a su casa nada más abandonar el edificio; algo le dice que no la volverá a ver. Ana anotará más adelante en su diario, al recordar ese momento precisamente, sus más negros temores: que la época despreocupada en que iba a la escuela ya nunca más volvería.

La Casa de Atrás

Nada más salir tuvieron que andar bajo una lluvia torrencial que en ese momento comenzó a caer, como presagio de que nada bueno podía ocurrir. Los cuatro, callados, serios, protegiéndose como podían, cada cual con una cartera de colegio y una bolsa de la compra, cargados hasta los topes con una mezcolanza de cosas. Los trabajadores que iban temprano a trabajar los seguían con la mirada. En sus caras podía verse claramente que lamentaban no poder ofrecerles ningún transporte: la estrella amarilla que llevaban era elocuente.

Solo cuando ya estuvieron en la calle, los padres de Ana empezaron a contarle poquito a poco el plan del escondite. Llevaban meses sacando de la casa la mayor cantidad posible de muebles y enseres, y habían decidido que entrarían en la clandestinidad voluntariamente el 16 de julio. Por causa de la citación, el asunto se había adelantado diez días, de modo que tendrían que conformarse con unos aposentos menos arreglados y ordenados.

—Como refugio, es ideal —dijo Edith sentándose en una silla, sacudiéndose el agua del abrigo y dejando algunas bolsas encima de una tosca mesa de trabajo que tenía enfrente y que otrora sirviera en el laboratorio que allí había—, aunque hay bastante humedad y está toda inclinada.

—Mamá, estoy segura de que en todo Amsterdam, y quizás hasta en toda Holanda, no hay otro escondite tan confortable como el que hemos instalado aquí —sentencia entusiasmada Ana.

—¿Y tú qué dices, Margot? —sonríe Otto a su hija.

—Que Ana, siempre dice unas cosas…

El escondite de la Prinsengracht 263 era relativamente grande, había espacio para dos familias, lo que resultaba excepcional, pues en la mayoría de los casos los padres e hijos que se escondían lo hacían por separado. La mayoría de los escondites secretos eran lugares reducidos, situados en sótanos húmedos o desvanes polvorientos. Únicamente quienes se refugiaban en alguna granja salían a veces al aire libre cuando no había peligro.

En cuanto al refugio de los Frank, había que reconocer que no era pequeño. Estaba encima de las oficinas de Opekta. En la parte de atrás había una escalera que llevaba a una portezuela que sería más tarde disimulada por una estantería giratoria. Abriendo esa puerta se accedía a una inesperada casa que en otro tiempo había sido un laboratorio. Desde la calle no se podía sospechar que la casa principal tuviera tanto fondo.

El refugio se encontraba en un sector de la ciudad donde se habían establecido muchas pequeñas empresas. A su izquierda había un comercio de té, a la derecha, una ebanistería. Gracias a estas circunstancias los escondidos no llamarían la atención cuando saliera humo de la chimenea los fines de semana.

El cuarto de estar y las demás habitaciones —cinco en total— estaban tan atiborrados de trastos que superaban toda descripción. Las cajas de cartón que a lo largo de los últimos meses habían sido enviadas a la oficina se encontraban en el suelo y sobre las camas. Un cuartito pequeño estaba hasta el techo de ropa. Si por la noche querían dormir en camas decentes, tendrían que ponerse manos a la obra de inmediato. A la señora Frank y a Margot les era imposible mover un dedo, estaban echadas en las camas sin hacer, cansadas, desganadas, deprimidas, pero Otto y Ana, los dos «ordenatodo» de la familia, querían empezar cuanto antes, así que comenzaron a desempaquetar, poniendo cosas en los armarios, martilleando y ordenándolo todo. Finalmente, madre e hija se unieron al trasiego hasta que por la noche todos cayeron exhaustos en las camas limpias.

No habían comido nada caliente en todo el día, pero no les importaba; Edith y Margot estaban demasiado cansadas y nerviosas como para comer nada, y el señor Frank y su hija Ana tenían demasiados pensamientos que poner en orden como para pensar en otra cosa.

Pero lo que sí había deseado Ana era tumbarse cuanto antes en su cama, no para dormir precisamente, sino para quedarse a solas con su amiga «Kitty». Repasaría todo aquel interminable —y ¿emocionante?, ¿peligroso?, ¿interminable?— día. Le confiaría a su nueva amiga todas sus peripecias, todos sus pensamientos, todas sus emociones. Quizá no podría pegar ojo en toda la noche.

Los Frank se instalaron en la primera planta, en dos habitaciones; en el cuarto contiguo al principal Ana y Margot. Más tarde Margot cedería su sitio al doctor Pfeffer, otro nuevo refugiado; a los Van Pels les adjudicaron la segunda planta, cuya habitación hacía las veces de sala de estar y comedor común; al lado, estaba el cuarto de su hijo Peter, muy reducido, oscuro y húmedo. Pasando por el cuartito de Peter, se accedía al desván, donde se guardaban las provisiones. Peter era el encargado de subirlas cuando las traían y bajarlas cuando se necesitaban. Ana y Peter se instalarían a menudo allí para hablar sin que los molestaran.

Por el momento, los escondidos son solo siete, el doctor Fritz Pfeffer, dentista, se sumará a ellos cuatro meses después, el 16 de noviembre.

Pero ahora, les resulta muy extraño dormir en sus nuevas habitaciones. Otto, Edith y Margot no logran acostumbrarse a las campanadas de la Iglesia del Oeste, la catedral, que suena cada quince minutos anunciando los cuartos. Sin embargo, a Ana le gustan desde un primer momento; las campanadas le proporcionan una sensación de amparo.

Después de haber pasado una noche agitada, llena de sobresaltos y vagos presentimientos, amanece el primer día de su larga aventura. Retoman el trabajo donde lo habían dejado el día anterior. Bep y Miep hacen la compra usando las cartillas de racionamiento de los recién llegados; el señor Frank arregla los paneles para oscurecer las ventanas, friegan el suelo de la cocina y están nuevamente trajinando de la mañana a la noche.

Hasta el miércoles casi no tuvo tiempo Ana de ponerse a pensar en los grandes cambios que se habían producido en su vida. Solo entonces, y por primera vez desde que llegaron a la Casa de Atrás, se dio cuenta de lo que realmente había pasado y de lo que aún le esperaba.

Con respecto a su seguridad, nada más llegar fueron presa del miedo de que los vecinos pudieran verlos u oírlos. Ya el primer día tuvieron que hacer unas cortinas de las que Ana pensó que en realidad no se merecían ese nombre, ya que no eran más que unos trapos sueltos, totalmente diferentes entre sí en forma, calidad y dibujo. Padre e hija, que no entendían nada del arte de coser, las unieron de cualquier manera con hilo y aguja. Luego, colgaron estas verdaderas «joyas» con chinchetas delante de las ventanas, y ahí se quedarían hasta que su forzada estancia acabase.

Llegan los Van Pels

La familia Van Pels llegó a la Casa de Atrás —como la llamarán a partir de ahora— una semana después de que ellos llegaran. Los Frank estaban desayunando tranquilamente cuando de repente se oyeron ruidos en el piso de abajo. El bocado se les detuvo en la boca.

Segundos después irrumpieron en la sala Miep Gies y Victor Kugler, los encubridores, con tres personas más: el señor Van Pels, socio de Otto, su mujer, y un muchacho desgarbado, retraído y tímido que no había cumplido aún los dieciséis años.

—Hola, aquí estamos —saluda el señor Kugler—. Me imagino que les habremos asustado…

—Hola —dicen todos—, y se ponen de pie para recibir a los recién llegados.

—Otto, esta es mi mujer, Auguste.

—Señora Van Pels…

—Hola a todos —dice sonriente la señora Van Pels, que parece desenvuelta y algo coqueta—, ¿dónde pongo esto?

Y para gran regocijo de todos, saca una sombrerera con un enorme orinal dentro.

—Sin orinal no me siento en mi casa en ninguna parte —aclara. Y el orinal fue el primero al que se le asignó un lugar fijo: debajo del diván. El señor van Pels no traía orinal, pero sí una mesa de té plegable bajo el brazo.

Hermann van Pels lleva trabajando desde 1938 en la empresa de Otto Frank. Es un hombre alto y fornido, una persona muy agradable y con una gran capacidad de adaptación. Auguste van Pels es una mujer vistosa y resuelta, aunque Ana, en su diario tiene una opinión algo más dura, piensa que es ella precisamente la culpable de todas las discusiones y que lo que le gusta es azuzar; pero también la describe como una mujer hacendosa, alegre y coqueta.

—Ana —se dirige la señora Van Pels a la niña, y trae del brazo a su hijo—, este es Peter.

—Hola, Peter.

—Hola —contesta el chico, azorado.

Ana se alegra de verle, porque ahora tiene más gente con quien hablar.

—Bien, señores —interrumpe el señor Frank—, nos quedan trece minutos.

—Perdone, señor Frank —se extraña Auguste van Pels—, ¿por qué tan solo trece minutos?

—Hasta que lleguen los obreros. Ahora… debemos permanecer en silencio mientras haya gente en el edificio; cualquier sonido puede ser detectado allá abajo, no solo en las oficinas, sino también en los talleres.

—¿Cuánto tiempo?

—Los obreros entran alrededor de las ocho y media y se marchan a las cinco y media, así que para estar seguros, desde las ocho de la mañana hasta las seis de la tarde tenemos que estar quietos, solo movernos lo indispensable… y siempre descalzos. Jamás, repito, jamás, por ningún motivo debemos alzar la voz más allá de un leve susurro.

Los presentes lo miran consternados.

—Tenemos que observar unas normas muy estrictas: durante ese tiempo no puede correr el agua, no podemos utilizar los grifos, ni siquiera, perdonen, el retrete. No podemos tirar basura, podría revelar que hay gente viviendo aquí, ni siquiera una piel de patata; debemos quemarlo todo en la estufa de noche. Tendremos que hacerlo así hasta que pase todo, si es que queremos sobrevivir.

—Hasta que pase todo… —suspira la señora Van Pels.

—Bueno, tampoco es tan malo. Después de las seis nos podemos mover: podemos hablar, reír, comer y jugar igual que si estuviéramos en casa… Y, ahora, vamos cada uno a su habitación a prepararnos, pronto van a ser las ocho.

—Señor Frank.

—¿Peter?

—¿Aún puedo coger agua para mi gato?

—¿Tienes un gato? ¡Papá, tú no me dejaste traer a Murti!

—Ana, eso ya lo hemos discutido mil veces. Peter, sí puedes, pero hazlo con cuidado, solo nos quedan cinco minutos.

Ana sigue a Peter.

—A mí me encantan los gatos, ¿cómo se llama?

—Muschi.

—¿Y qué es, un gato o una gata?

—Gato, y no le gustan los desconocidos.

—Entonces dejaré de ser una desconocida... —y le mira sorprendida la solapa de la chaqueta—. ¡Te has quitado la estrella!

—Ya lo sé —responde el chico con el pedazo de tela entre las manos—, ¿y qué?

—No puedes hacer eso, te cogerán si sales sin la estrella.

—¿Quién va a salir de aquí?

—¿Qué vas a hacer con ella?

—Quemarla.

—Es curioso, pero yo no la podría quemar... no sé por qué.

—¿Que no podrías? ¿Algo que te obligan a llevar para someterte, y no podrías?

—Lo sé, pero al fin y al cabo... no deja de ser la estrella de David —dice melancólica.

Ana no está muy entusiasmada con su nuevo amigo al principio. Según sus palabras es un muchacho de apenas dieciséis años, desgarbado, bastante soso y tímido, y de cuya compañía no cabe esperar gran cosa.

—Ana —interrumpe su padre—. Son casi las ocho. ¿No quieres sentarte aquí, Peter? Será una larga jornada.

Instalados

¡Quién le iba a decir a Ana apenas tres meses antes que «doña Ana puro nervio» —como la llaman a veces —tendría que estar sentada quietecita horas y horas sin apenas moverse!

Como es natural, los Van Pels tienen mucho que contar sobre lo que ha sucedido durante la última semana que han pasado en el mundo exterior, por lo que todos pasan el día muy distraídos oyendo las nuevas.

Al cabo de tres días, los siete sienten que se han convertido en una gran familia. La vida dentro del refugio discurre siempre igual, pero todos colaboran y tienen asignada alguna labor.

Fuera de la casa, varias personas se reparten otras tareas: las chicas Miep Gies y Bep Voskuijl cubren las necesidades básicas diarias de sus amigos; Johannes Kleiman y Victor Kugler velan por la seguridad y se encargan de financiar los gastos de los escondidos. También el esposo de Miep, Jan Gies, y el padre de Bep, Johan Voskuijl —capataz del almacén— participan en la ayuda: a través de sus contactos en el ayuntamiento Jan Gies consigue cupones de racionamiento, mientras que el señor Voskuijl fabrica la estantería giratoria que se abre como una puerta y que disimula el acceso a la Casa de Atrás.

La pequeña habitación de Ana y Margot, sin nada en las paredes, le parece a Ana que tiene un aspecto bastante desolado. Gracias a su padre, que ya antes había traído su colección de tarjetas postales y sus fotos de estrellas de cine, puede decorar con ellas una pared entera, pegándolas con cola. A las niñas les parece que ha quedado muy bonito, por lo que ahora resulta mucho más alegre.

La primera semana de reclusión Ana ya ha leído varios libros, entre ellos *Historia de dos ciudades*, de Charles Dickens, que entrelaza al Londres y al París de la Revolución Francesa en una historia de amor. Son 355 páginas, pero realmente no hay otra cosa que hacer más que leer, ya que no se pueden mover. Sus padres han tenido en cuenta la posibilidad de que su permanencia en el refugio se extienda por mucho tiempo y han traído para sus hijas varios libros de textos escolares y de lectura general. En sus memorias, Otto Frank dice al respecto que solo estableciendo desde el principio unos horarios fijos y una serie de tareas para cada refugiado, podían esperar adaptarse a la situación. Sobre todo se preocupa de que las niñas tengan suficientes libros para leer y estudiar. No quiere ni pensar lo que puede durar su encierro voluntario.

Las condiciones del encierro son muy duras. Durante el día, los habitantes del refugio deben guardar silencio absoluto. Tienen que evitar en lo posible tirar de la cadena del inodoro, ya que las tuberías del desagüe pasan por el almacén. Las cortinas de la casa deben permanecer echadas para que no puedan verlos los vecinos. La única posibilidad de respirar algo de aire puro es a través del ventanuco del desván.

Abajo, en las oficinas, sus encubridores Miep Gies y Victor Kugler trabajan como si tal cosa. Nadie sospecha. La empresa de Otto Frank sigue desarrollando su actividad con normalidad; el personal del almacén de la planta baja no sabe nada, excepto el capataz, Johan Voskuijl, padre de Bep, la otra chica de la oficina que les ayuda. A través de la estantería giratoria que da acceso a la Casa de Atrás y que él mismo ha construido, pueden bajar al piso de abajo, agachándose primero y luego saltando. Al cabo de unos días acaban todos con la frente llena de chichones, ya que la puerta es demasiado baja.

Los escondidos cumplen un horario muy estricto. Hermann van Pels se levanta hacia las 6:45h, luego le siguen los demás. De las 8:30h a las 9:00h tienen que estar en completo silencio, pues a esa hora empieza a trabajar el personal del almacén. A las 9:00h Miep Gies sube un momento al refugio para darles las nuevas del día y ponerles al tanto de la situación, y recibe la lista de la compra.

A partir del momento en que las dos familias —y luego más tarde Fritz Pfeffer—, se refugian en la Casa de Atrás, dependen totalmente, como si de niños pequeños e indefensos se tratara, de las cuatro personas que los encubren. Sus vidas están en sus manos, hasta las necesidades más básicas. Por su parte, las vidas de Miep Gies, Victor Kugler, Johannes Kleiman y Bep Voskuijl girarán, como nuevos padres, en torno a sus protegidos. Sin embargo, al contrario que los escondidos, ellos pueden olvidar de vez en cuando sus preocupaciones, tomándose unas cortas vacaciones, viendo alguna película o visitando a los amigos.

A las 12:30h, cuando los trabajadores se van a comer, respiran aliviados. Sus protectores se pasan a veces al refugio para compartir la comida con sus protegidos. Los proveen de todo, desde alimentos y ropa hasta libros y artículos de higiene. Cada uno de los habitantes de la casa les entrega una lista de recados que ellos intentan satisfacer lo mejor posible. Por eso son esperados siempre con ansiedad, pues aparte de la radio son su única fuente de información, su único contacto con el mundo exterior.

—Somos nosotros, Miep y Victor —se oye al otro lado de la puerta.

Otto Frank descorre el pestillo y los deja entrar.

—Buenas tardes.

—Aquí están nuestros amigos —y todos acuden presurosos a recibirlos.

—Hola —dice Victor Kugler—, han estado ustedes tan callados que pensé que habían salido a dar un paseo.

Todos ríen.

—¿Qué tal, Miep? ¿Cuáles son las últimas noticias? —pregunta Otto Frank.

—No muy buenas, por desgracia. Por todas partes hay redadas para detener a los judíos que hacen caso omiso de las citaciones.

Los protectores suelen callar algunos detalles, para evitar que sus oyentes se angustien. Hablan de negocios y política con los hombres; de comida y de las privaciones de la guerra con las mujeres, y de libros y revistas con los chicos. Ponen buena cara, traen flores los días de fiesta y regalos cuando celebran algún cumpleaños, y están siempre a lo que quieran sus amigos. Mientras otros muestran su heroísmo en el frente, los protectores demuestran el suyo con su buen ánimo y su cariño. En concreto, Victor Kugler siente un afecto especial por Ana, le trae todas las semanas un ejemplar de la revista *Cinema & Theater*, porque sabe que a ella le encanta el cine. Ana se sabe de memoria todas las películas, sus detalles y los actores que intervienen en ellas.

En su diario, Ana apunta al respecto que el señor Kugler le da una gran alegría todos los lunes cuando le lleva la revista. Sus convecinos opinan que estos obsequios son un despilfarro y que con ellos se malcría a la niña, pero se quedan sorprendidos por la exactitud con que Ana, después de un año, recuerda todos y cada uno de los nombres de las figuras que actúan en una determinada película.

A las 13:45h se levanta la mesa y se lavan los platos. Miep y Kugler bajan a la oficina para seguir trabajando. Para los de arriba es la hora de la siesta. Ana no suele dormir, sino que aprovecha el tiempo para escribir en su diario.

A las 17:30h, por fin, la ansiada libertad, «libertad vespertina» la llaman ellos. Ha terminado la jornada de trabajo en el almacén. Por si acaso esperan hasta las 18:00h, hasta que salga el último obrero. Cuando ya no queda nadie, los moradores de la casa pueden moverse y hablar libremente, siempre con discreción, pero ya pueden dedicarse a jugar o a charlar hasta que las madres de familia, Auguste van Pels y Edith Frank, les avisan para cenar.

El octavo habitante

En noviembre de 1942, cuatro meses después de haber comenzado el encierro voluntario y forzoso a la vez, llega al refugio un octavo habitante: Fritz Pfeffer, médico dentista conocido de los Frank y los Van Pels. Miep Gies es quien lo ha traído, ya que ella solía ir a su consulta. Un buen día el dentista le revela a su paciente lo angustiado que está y le pregunta si no sabe de algún lugar para ocultarse. Miep le plantea el asunto a Otto Frank, que lo consulta con los otros escondidos, y en última instancia decide que «el peligro es tan grande para ocho como lo es para siete»: en el refugio hay lugar para una persona más.

—El siguiente —dice el dentista.

Y una figura gris, apenas percibida por el médico, se tumba en la silla.

—Abra la boca, por favor.

—Señor Pfeffer, mañana martes tendrá que estar usted a las once de la mañana en el quiosco de prensa que hay frente a la oficina de correos. Allí un señor lo pasará a buscar; procure llevar un pañuelo amarillo en el bolsillo de arriba de la chaqueta.

Fritz Pfeffer no da crédito a lo que oye. Kleiman no dice nada más, espera con la boca abierta a que el dentista le haga un reconocimiento de rutina para no despertar sospechas entre los pacientes que esperan.

A las once en punto, Pfeffer se encontraba en el lugar convenido. Se le acercó el señor Kleiman, informándole de que la persona en cuestión todavía no podía venir:

—Así que si usted no tiene inconveniente pásese por la oficina de Miep y allí le darán nuevas instrucciones. Adiós y buena suerte.

Una vez más, Pfeffer se quedó pasmado. ¡Qué hombre de pocas palabras! Y sin embargo, cuánta amabilidad y cariño se ve en sus ojos. «Algo así no es normal hoy en día», pensó.

Al llegar a la oficina, después de una larga caminata, Miep le estaba esperando:

—Señorita, ¿qué ha ocurrido? ¿Algo ha salido mal?

Miep, sin contestarle, le ayudó a quitarse el abrigo procurando que no se le viera la estrella, pues la mujer de la limpieza andaba por allí.

—Señor Pfeffer, pase por aquí, por favor.

Y lo condujo al antiguo despacho del señor Frank, donde lo hicieron esperar un rato. Cuando se fueron todos los trabajadores, el señor Kleiman apareció:

—Perdone la demora, señor Pfeffer, ¿puede seguirme?

Y llevó finalmente al dentista escaleras arriba, abrió la estantería giratoria y, para gran sorpresa de este, entró en la Casa de Atrás. Él no entendía nada, ¿de dónde había salido ese escondite tan grande? Miró a su alrededor, pero no vio enseguida a sus habitantes. Los siete estaban en el piso de arriba sentados alrededor de la mesa con coñac y café, esperando a su futuro compañero de escondite. Miep primero le enseñó el cuarto de estar.

—Aquí pasará usted la mayor parte del día.

—Gracias, gracias...

Pfeffer reconoció los muebles de los Frank, pero, aun así, no pensó ni remotamente que ellos pudieran encontrarse en ese preciso momento encima de su cabeza.

—Venga arriba, por favor.

—Sí, claro.

Y lo condujo hacia la estancia superior. Cuando entró en la habitación y vio a sus nuevos compañeros, casi se desmaya del asombro. Se dejó caer en un sillón y se los quedó mirando sin decir palabra, como si primero quisiera enterarse de lo ocurrido a través de sus caras. Luego tartamudeó:

—*Perro...* ¿entonces ustedes no son en la Bélgica? ¿El militar que iba con ustedes no es *aparrecido*? ¿El coche que los llevó fuera del país? ¿El huida no es *logrrado*?

Le explicaron que nada era cierto, cómo habían inventado la historia de que se había visto a los Frank en compañía de un militar que los conducía a un coche, que habían hecho difundir esa noticia falsa a propósito para despistar a la gente y a los alemanes que pudieran venir a buscarles. Pfeffer no tenía palabras para referirse a tanta ingeniosidad, y no pudo más que dar un primer recorrido por la casa, asombrándose de lo práctico que era todo. Comieron todos juntos, Pfeffer se echó a dormir un momento y luego tomó el té con sus nuevos huéspedes, ordenó sus poquitas cosas, que Miep había traído de antemano, y muy pronto se sintió como en su casa.

El señor Van Pels le entregó un papel con las normas de la Casa de Atrás. Todos le observaban divertidos al verle ensimismado.

—Eso sí, habrá que hacer algunos ajustes —le interrumpe el señor Frank.

Margot dormirá a partir de ahora en el cuarto de sus padres y el recién llegado y Ana Frank tendrán que compartir el pequeño cuarto contiguo, donde se encuentran, además, el aseo y el retrete.

A Ana le causa muy buena impresión el señor Pfeffer, parece una persona muy agradable.

Pfeffer les ha contado muchas noticias y cosas que están pasando fuera, en ese mundo exterior que tanto echan de menos. Sin embargo, todo lo que les cuenta es triste. A muchos de sus amigos y conocidos se los han llevado a un horrible destino. Noche tras noche pasan los coches militares verdes y grises. Llaman a todas las puertas, preguntando si allí viven judíos. En caso afirmativo, se llevan en el acto a toda la familia. En caso negativo, continúan su recorrido. Nadie escapa a esta suerte, a no ser que se esconda. A menudo pagan una recompensa por persona que se llevan: tantos florines por cabeza, como si de una cacería de esclavos se tratara.

Discordias en la convivencia

Poco tiempo después Ana cambiará de opinión sobre su compañero de habitación. Alrededor de una semana tras la llegada del dentista, está convencida de que el señor Pfeffer —el hombre del que siempre decían que se entendía tan bien con los niños— es en realidad un educador de lo más «chapado a la antigua», según palabras de la propia Ana, a quien le gusta soltar sermones interminables sobre buenos modales y buen comportamiento.

—Señor Pfeffer, querría hablarle un momento.

—Dime.

—Me gustaría pedirle, por favor, si estaría de acuerdo en que dos veces por semana, de cuatro a cinco y media de la tarde, hiciera yo uso del escritorio de nuestra habitación. En el cuarto de estar común hay demasiado alboroto por las tardes; ahí uno no se puede concentrar.

—No.

—¿Puedo preguntarle cuáles son los motivos? —exclamó Ana indignada.

—Yo también necesito el escritorio, si no puedo disponer de él por la tarde no me queda nada de tiempo. Tengo que escribir mi cuota diaria, si no todo mi trabajo habrá sido en balde. De todos modos, tus tareas no son serias. La mitología... ¿Qué clase de tarea es esa? Y hacer punto y leer tampoco son tareas serias. De modo que el escritorio lo seguiré usando yo.

—Señor Pfeffer, mis tareas sí que son serias; en el cuarto de estar, por las tardes, no me puedo concentrar, así que le ruego encarecidamente que vuelva a considerar mi petición.

Tras pronunciar estas palabras, Ana se volvió ofendida e hizo como si el distinguido doctor no existiera. Estaba fuera de sí de rabia. En ese momento, el señor Pfeffer le pareció un gran maleducado y pensó que sin embargo ella misma había estado muy cortés. Por la noche lo volvió a intentar. Después de fregar los platos se sentó a esperarle.

—Señor Pfeffer, creo que usted no ha considerado que valiera la pena hablar con más detenimiento sobre el asunto; sin embargo, le ruego que lo haga.

Entonces, con su mejor sonrisa, el dentista dijo:

—Siempre y en todo momento estaré dispuesto a hablar sobre este asunto ya zanjado.

—Al principio, cuando usted vino aquí, convinimos en que esta habitación sería de los dos. Si el reparto fuera equitativo, a usted le corresponderían las mañanas y a mí todas las tardes. Pero yo ni siquiera le pido eso, y por lo tanto me parece que dos tardes a la semana es de lo más razonable.

En ese momento Pfeffer saltó como pinchado por un alfiler:

—¿De qué reparto equitativo me estás hablando? ¿Adónde he de irme entonces? ¿Tendré que pedirle al señor Van Pels que me construya una caseta en el desván, para que pueda sentarme allí? ¡Será posible que no pueda trabajar tranquilo en ninguna parte, y que uno tenga que estar siempre peleándose contigo! Si la que me lo pidiera fuera tu hermana Margot, que tendría más motivos que tú para hacerlo, ni se me ocurriría negárselo, pero tú...

Y volvió a mencionar la historia de la mitología y el hacer punto, y Ana volvió a ofenderse. Sin embargo, disimuló para que no se le notara y dejó que su adversario acabara.

—Pero ya está visto que contigo no se puede hablar, eres una tremenda egoísta. Con tal de salirte con la tuya, los demás que revienten. Nunca he visto una niña igual. Pero al final me veré obligado a darte el gusto; si no, en algún momento me dirán que a Ana Frank la suspendieron porque el señor Pfeffer no le quería ceder el escritorio.

Y hablaba y hablaba; era tal la avalancha de palabras que al final Ana se perdió. Había momentos en que pensaba: «¡Le voy a dar un sopapo que va a ir a parar con todas sus mentiras contra la pared!», y otros en que se decía a sí misma: «Tranquilízate, no se merece que te sulfures tanto por su culpa».

Por fin Pfeffer terminó de desahogarse y, con una cara en la que se leía el enojo y el triunfo al mismo tiempo, salió de la habitación con el abrigo lleno de alimentos. Ana corrió a ver a su padre y a contarle toda la historia. Otto decidió hablar con el médico, y así fue. Estuvieron más de media hora hablando. Primero hablaron sobre si Ana debía disponer del escritorio o no. El señor Frank le dijo que ya habían hablado sobre el tema, pero que en aquella ocasión le había dado supuestamente la razón a él para no dársela a una niña frente a un adulto, pero que tampoco le había parecido razonable. El señor Pfeffer respondió que Ana no debía hablar como si él fuera un intruso que tratara de apoderarse de todo, pero aquí el padre de Ana le contradijo con firmeza, porque en ningún momento había oído a su hija decir eso. Así pasaron un rato discutiendo.

Finalmente Pfeffer tuvo que ceder, y se le concedieron a Ana dos tardes por semana para dedicarlas a sus tareas sin ser molestada. Pfeffer puso cara de mártir y no habló durante dos días.

Pasa el tiempo, y los motivos para la discordia se multiplican por las razones más tontas: la señora Van Pels ha sacado del ropero común todas sus sábanas y las ha guardado; solo ha dejado tres.

—Margot, la señorona se ha llevado sus sábanas —se queja Ana—. ¡Si se cree que toda la familia va a usar la ropa de mamá, se llevará un buen chasco cuando vea que mamá ha seguido su ejemplo!

—No me parece que sea una buena idea empezar a pelearnos por estas tonterías.

—No son tonterías, Margot, además, la señora está de mala uva porque no usamos nuestra vajilla y sí la suya; siempre está tratando de averiguar dónde hemos metido nuestros platos, y están más cerca de lo que ella supone —Ana baja perceptiblemente la voz—, en el desván, metidos en cajas de cartón, detrás de un montón de material publicitario de Opekta. Mientras estemos escondidos, los platos estarán fuera de su alcance. ¡Tanto mejor!

Todos los habitantes van soltando sus máscaras poco a poco con el paso del tiempo, y se van mostrando como son. Es imposible aguantar mucho tiempo fingiendo. La señora

Van Pels se comporta de una manera insufrible: regaña a Ana continuamente porque «habla sin parar», pero ella aparentemente no le hace caso. Una novedad es que a la señora ahora le ha dado por negarse a fregar las ollas. Cuando queda algo de alimento dentro, lo deja ahí, y si luego a Margot, por ejemplo, le toca fregarla, la señora le dice:

—Ay Margot, Margotita, ¡cómo trabajas!

El señor Kleiman trae cada dos semanas libros para las niñas. Deciden hacer un árbol genealógico de la familia, Otto las ayuda.

A la vez, Ana no desaprovecha ocasión para escribir en su diario. Escribe después de comer, a la hora de la siesta, cuando los demás descansan, siempre que puede. Un día, está en su cuarto concentrada cuando de repente aparece la señora Van Pels. ¡Plaf!, Ana cierra el cuaderno de golpe.

—Oye, Ana, ¿por qué no me enseñas algo de lo que escribes?

—No, señora, lo siento.

—¿Tampoco la última página?

—No, señora, tampoco.

—¡Qué reservada eres, hija!

Menudo susto se ha llevado Ana, porque lo que había escrito sobre ella justo en esa página no era muy halagüeño que digamos.

Claro que a veces hay motivo para pelearse en serio, pero las rencillas de la Casa de Atrás no son más que riñas de poca monta.

«La academia»

Los días transcurren monótonos, iguales, pesados. La vida de los escondidos se rige por las campanadas de la catedral que está a dos manzanas de distancia. Durante el día intentan pasar el tiempo lo mejor posible, todos se entregan a la lectura y el estudio. Bep Voskuijl se ha matriculado personalmente en varios cursos de taquigrafía y latín por correspondencia que luego cede a los escondidos.

El 16 de mayo de 1944, Ana incluye en su diario una larga lista en la que describe la ocupación de cada uno. Este es el sorprendente resultado:

El señor Van Pels lee novelas de detectives, libros de medicina e historias de intriga y de amor sin importancia. La señora Van Pels estudia inglés por correspondencia y lee, sobre todo, biografías noveladas. El señor Frank estudia inglés con Dickens y algo de latín. Nunca lee novelas. La señora Frank estudia inglés por correspondencia y lee de todo menos historias de detectives.

El señor Pfeffer estudia inglés, español y holandés; lee de todo. Peter van Pels más que leer estudia: inglés, francés por correspondencia, taquigrafía holandesa, inglesa y alemana; economía política, correspondencia comercial en inglés y matemáticas. Margot Frank estudia inglés, francés, latín por correspondencia, taquigrafía inglesa, alemana y holandesa, mecánica, trigonometría, geometría, geometría del espacio, física, química, álgebra, literatura inglesa, francesa, alemana y holandesa, contabilidad, geografía, historia moderna, biología, economía; lee de todo, preferentemente libros sobre religión y medicina.

Y por último Ana. Ana Frank estudia francés, inglés, alemán, taquigrafía holandesa, geometría, álgebra, historia, geografía, historia del arte, mitología, biología, historia bíblica, literatura holandesa; le encanta leer biografías, libros de historia y, a veces, novelas y libros de esparcimiento.

Ya se ve que, no teniendo absolutamente nada que hacer y sin prisa de ninguna clase, los recluidos se entregan a devorar libros, ya sea en su modalidad de lectura o de estudio, aprovechando así las interminables horas, y pensando en su utilidad para cuando salgan de su forzosa reclusión.

Después de estudiar, pues, en lo que parece una frenética academia, cuando dan la una todos se arremolinan en torno a la radio miniatura para escuchar las noticias de la BBC.

Pero que nadie piense que los refugiados viven cómodamente a pesar de estar encerrados. Es verdad que sus protectores les proveen de todo, pero de todo lo que se puede conseguir en tiempo de guerra, lo cual es bien poco y casi siempre de mala calidad, y además, es terrible no poder salir a respirar aire puro, carecer de libertad de movimientos, tener que estar encerrados día y noche sin saber hasta cuándo, subiendo y bajando escaleras de una parte a otra de la casa como único ejercicio.

—No puedo más, papá, estar encerrada me va a volver loca, es horrible no poder salir nunca a la calle, ni respirar al aire libre, ni correr, ni gritar o saltar.

—Ya sé que es duro, Ana, pero solo debes pensar que nadie le puede poner muros ni puertas ni cerraduras a tu mente. Lee, estudia, dibuja, reza y escribe en tu diario, solo con la actividad intelectual podrás elevarte sobre esta gran contrariedad.

Y se abrazan sonrientes, aunque el padre no puede evitar que un rictus de amargura se dibuje en las comisuras de sus labios.

Pero lo peor de todo no es el encierro en sí, sino la incertidumbre, el vivir angustiados día y noche, angustiados tanto por la espera y la esperanza como por el miedo; angustiados cuando se oyen ruidos dentro o fuera de la casa; angustiados cuando suenan los terribles disparos; angustiados cuando en la lejanía oyen desplomarse los aviones; angustiados cuando publican en los periódicos nuevos «comunicados», porque también es posible que en cualquier momento algunos de sus cómplices tengan que esconderse allí, con ellos.

—Yo digo que los alemanes perderán la guerra —aventura Hermann van Pels.

—¿Puedo preguntarte cuándo? —ironiza su mujer.

—Debemos estar agradecidos por nuestra buena fortuna —tercia Otto.

—¿Buena? —se sorprende la señora Frank—. Yo no creo…

—Nuestras familias siguen juntas —la interrumpe—, con eso basta.

Y se abrazan en silencio.

Siempre hay cosas de las que ocuparse o preocuparse. Por ejemplo, una vez, la estufa llevaba varios días encendida, y la habitación se inundó de humo. Todos aguantaron la tos para que no se les oyera y esperaron la hora de poder abrir las ventanas.

En otra ocasión, estuvieron usando mucha luz, excediéndose de la cuota de electricidad que les correspondía. Eso les podía delatar. La consecuencia fue emprender una economía exagerada en el consumo de luz y la perspectiva de un corte en el suministro. ¡Quince días sin luz! A las cuatro o cuatro y media de la tarde ya estaba demasiado oscuro para leer, y entonces mataban el tiempo adivinando acertijos, haciendo gimnasia a oscuras, hablando inglés o francés, reseñando libros, pero a la larga todo les aburría.

Sin embargo, Ana descubrirá algo nuevo: mirar por la ventana, entre las cortinas, o espiar con un catalejo las habitaciones bien iluminadas de los vecinos que dan a la parte posterior de la Casa de Atrás. Desde las ventanas se divisa el edificio colindante. Como durante el día no pueden descorrer las cortinas ni un centímetro por miedo a que alguien desde la calle o desde otras ventanas pueda verles, Ana espera a que sea de noche, cuando todo está oscuro y ya no hay peligro. Nunca antes se había dado cuenta de lo interesante que podía resultar la gente. A unos los encuentra sentados a la mesa cenando, a otros proyectando una película, y al dentista de la ventana de enfrente atendiendo a una señora mayor muy miedica.

Así que muchas tardes se instala cómodamente en la oficina principal, y mira por la ventana a través de la rendija del cortinaje. «Es curioso ver pasar a la gente, parece que todos llevan muchísima prisa y andan pegando tropezones», piensa. «Y las bicicletas, bueno, ¡esas sí que pasan a ritmo vertiginoso! Ni siquiera puedo ver qué clase de individuo va montado en ellas». La gente del barrio no tiene muy buen aspecto. «Y sobre todo los niños están tan sucios que me daría asco tocarlos», se sorprende. Son verdaderos barriobajeros, con los mocos colgándoles de la nariz... y cuando hablan, no se entiende lo que dicen».

—¿Qué haces, Ana? —interrumpe sus pensamientos Margot.

—Estoy mirando por la ventana... ¿Qué pasaría si con una caña de pescar pescáramos a esos mugrientos niños que pasan por aquí y los metiéramos en la tina, uno por uno, les laváramos y arregláramos la ropa y volviéramos a soltarlos?

Margot responde riendo:

—Mañana estarían igual de mugrientos y con la ropa igual de rota que antes. ¿No te aburres de mirar siempre lo mismo?

—También se ven otras cosas: coches, barcos y la lluvia. Oigo pasar el tranvía y a los niños, y es divertido.

Luego se calla unos instantes y dice:

—Ayer, mirando por entre las cortinas, y como si se tratara de una de las maravillas del mundo, vi pasar a dos judíos. Fue una sensación tan extraña... como si los hubiera traicionado y estuviera espiando su desgracia.

—Tú no tienes la culpa.

—Ya lo sé, pero es una sensación extraña… ¿Sabes, Margot? Justo enfrente, en el muelle, hay un barco-vivienda en el que vive el patrón con su mujer y sus hijos. Tiene uno de esos perritos ladradores con el rabo siempre en alto, que es lo único que sobresale cuando recorre el barco.

Margot se le acerca y mira por un resquicio de las cortinas.

—¡Uf!, ha empezado a llover —dice Ana—, y la mayoría de la gente se ha escondido bajo sus paraguas. Mira, ya no se ven más que gabardinas y a veces la parte de atrás de alguna cabeza con gorro. A las mujeres ya casi me las conozco de memoria: hinchadas de tanto comer patatas, con un abrigo rojo o verde, con zapatos de tacones desgastados, un bolso colgándoles del brazo, con un aire furioso o bonachón, según cómo estén de humor sus maridos.

Margot se sorprende de lo que oye. ¡Qué mayor se ha hecho su hermana!

Rutina

Llevan ya casi un año de reclusión en la Casa de Atrás. La vida de los escondidos es ya una rutina, ya no hay sorpresas, se conocen perfectamente, y sin embargo es todo tan extremadamente distinto de los tiempos «normales» y de la gente normal...

Un día normal a la hora de irse a la cama es cuando hay más movimiento entre los escondidos. Vamos a hacer un repaso:

Las nueve de la noche.

Comienza en la Casa de Atrás el ajetreo de la hora de acostarse, y se produce siempre un verdadero alboroto: se apartan las sillas, se arman las camas, se extienden las mantas, y nada queda en el mismo estado que durante el día. Ana duerme en el pequeño diván, que no llega a medir un metro y medio de largo, por lo que hay que colocarle unas sillas en forma de añadido. De la cama del señor Van Pels, donde están guardadas durante el día, hay que sacar sábanas, almohadas y mantas.

En la habitación de al lado se oye un chirrido: es el catre tipo armónica de Margot. Nuevamente hay que extraer mantas y almohadas del sofá, todo sea por hacer un poco más confortables las tablitas de madera del catre. Arriba parece que se hubiera desatado una tormenta, pero no es más que la cama de la señora Van Pels; hay que arrimarla junto a la ventana, ya que si no —dice ella— se ahoga.

Las nueve y cuarto de la noche.

Van entrando todos por turno en el cuarto de baño. No pocas veces ocurre que en el agua del baño se queda flotando alguna pequeña pulga.

Unos con el albornoz, otros con el jabón en la mano o el cepillo de dientes; el orinal, las horquillas, los rulos, etc.

Las diez de la noche.

Cuelgan los paneles de oscurecimiento y apagan las luces. En la casa aún se oyen durante un cuarto de hora los crujidos de las camas y el rechinar de los muelles rotos, pero luego reina el silencio; al menos, cuando los de arriba no tienen una disputa.

Las once y media.

Se oye el chirrido de la puerta del cuarto de baño. En la habitación entra un diminuto haz de luz. Unos zapatos que crujen, un gran abrigo, más grande que la persona que lo lleva puesto... es el señor Pfeffer que vuelve de abajo, del despacho de Victor Kugler, donde suele irse a escuchar la radio. Durante diez minutos se le oye arrastrar los pies, hacer ruido de papeles —son los alimentos que guarda— y estirar las sábanas. Luego, la figura vuelve a desaparecer y solo se le oye venir a cada rato del lavabo.

Las tres de la madrugada.

Alguien se levanta para hacer aguas menores en la lata que guarda debajo de la cama y que para mayor seguridad está colocada encima de una esterilla de goma. Entonces, alguien permanece unos quince minutos atento a los ruidos de la noche. En primer lugar, a los ruidos que puedan venir de algún ladrón en los pisos de abajo; luego, a los procedentes de las distintas camas de la habitación de arriba, la de al lado e incluso la propia, de los que se puede deducir si alguien está pasando la noche medio desvelado.

A veces también se oyen disparos. En ese caso, si son muy intensos, Ana siempre salta de la cama y va corriendo hasta donde está su padre.

Las siete menos cuarto.

Suena un despertador.

Van Pels se levanta, pone agua a hervir y se traslada rápidamente al cuarto de baño.

Las siete y cuarto.

La puerta cruje nuevamente. Ahora Pfeffer puede ir al cuarto de baño. Cuando Ana se queda sola, quita los paneles de oscurecimiento, y comienza un nuevo día en la Casa de Atrás.

A los escondidos les pasan cosas muy curiosas. Como no tienen bañera, se bañan en una pequeña tina, y como solo la oficina, en el piso de abajo, dispone de agua caliente, los ocho se turnan para darse un baño abajo. Cada miembro de la familia se ha buscado un lugar distinto para bañarse. Peter se baña en la cocina, pese a que esta tiene una puerta de cristal. Cuando va a darse un baño, pasa a visitar a todos por separado para comunicarles que durante la próxima media hora no deben transitar por la cocina. Esta medida le parece suficiente.

El único diferente es el señor Van Pels, que se baña en el piso de arriba. Para él la seguridad del baño tomado en su propia habitación le compensa la molestia de subir toda el agua caliente tantos pisos.

El señor Frank se baña en su antiguo despacho, su esposa en la cocina, detrás de una mampara, y Margot y Ana han elegido la oficina grande. Los sábados por la tarde cierran las cortinas y se asean a oscuras, mientras una está en la tina, la otra espía por la ventana por entre las cortinas cerradas y fisgonea a la gente que pasa.

Ana trasladó a su «amiga Kitty» un simpático escrito a modo de propaganda turística, que tituló «Prospecto y Guía de la Casa de Atrás»:

Establecimiento especial para la permanencia temporal de judíos y similares.
Abierto todo el año.
Convenientemente situado, en zona tranquila y boscosa en el corazón de Amsterdam. Sin vecinos particulares (solo empresas). Se puede llegar en las líneas 13 y 17 del tranvía municipal, en automóvil y en bicicleta. En los casos en que las autoridades alemanas no permitan el uso de estos últimos medios de transporte, también se puede llegar andando. Disponibilidad permanente de pisos y habitaciones, con pensión incluida o sin ella. Alquiler: gratuito.
Dieta: sin grasas.
Agua corriente: en el cuarto de baño (sin bañera, lamentablemente) y en varias paredes y muros. Estufas y hogares de calor agradable.
Amplios almacenes: para el depósito de mercancías de todo tipo. Dos grandes y modernas cajas de seguridad.

Central de radio propia: con enlace directo desde Londres, Nueva York, Tel Aviv y muchas otras capitales. Este aparato está a disposición de todos los inquilinos a partir de las seis de la tarde, y no existen emisoras prohibidas, con la salvedad de que las emisoras alemanas solo podrán escucharse a modo de excepción, por ejemplo audiciones de música clásica y similares. Queda terminantemente prohibido escuchar y difundir noticias alemanas (indistintamente de donde provengan).

Horario de descanso: desde las 22:00 hasta las 7:30, los domingos hasta las 10:15. Debido a las circunstancias reinantes, el horario de descanso también regirá durante el día, según indicaciones de la dirección. ¡Se ruega encarecidamente respetar estos horarios por razones de seguridad!

Tiempo libre: suspendido hasta nueva orden por lo que respecta a actividades fuera de casa.

Uso del idioma: es imperativo hablar en voz baja a todas horas; admitidas todas las lenguas civilizadas; o sea, el alemán no.

Lectura y entretenimiento: no se podrán leer libros en alemán, excepto los científicos y de autores clásicos; todos los demás, a discreción.

Ejercicios de gimnasia: a diario.

Canto: en voz baja exclusivamente, y solo después de las 18:00.

Cine: funciones a convenir.

Clases: de taquigrafía, una clase semanal por correspondencia; de inglés, francés, matemáticas e historia, a todas horas; retribución: en forma de otras clases, de idioma neerlandés, por ejemplo.

Sección especial: para animales domésticos pequeños, con atención esmerada (excepto bichos y alimañas, que requieren un permiso especial).

Reglamento de comidas:

Desayuno: todos los días, excepto domingos y festivos, a las 9:00; domingos y festivos, a las 11.30, aproximadamente.

Almuerzo: parcialmente completo. De 13.15 a 13.45 horas.

Cena: fría y/o caliente; sin horario fijo, debido a los partes informativos. Obligaciones con respecto a la brigada de aprovisionamiento: estar siempre dispuestos a asistir en las tareas de oficina.

Aseo personal: los domingos a partir de las 9:00, los inquilinos pueden disponer de la tina; posibilidad de usarla en el lavabo, la cocina, el despacho o la oficina principal, según preferencias de cada uno.

Bebidas fuertes: solo por prescripción médica.

Fin

 ¡Ladrones!

Después de cenar, y cuando todos estaban preparándose para ir a dormir, Peter entró en el salón y le pidió al señor Frank si podía subir para ayudarle con una frase difícil de inglés.

—Aquí hay gato encerrado —dijo a Margot alarmada Auguste van Pels—. ¿A estas horas? Está clarísimo que ha sido una excusa. Están hablando en un tono como si hubieran entrado ladrones.

Otto, Hermann van Pels y Peter bajaron en un santiamén. Margot, Ana, su madre y la señora Van Pels se quedaron esperando. Cuatro mujeres muertas de miedo. De pronto se oyó un fuerte golpe en el piso de abajo. El reloj dio las diez menos cuarto. Se les fue el color de las caras. ¿Dónde estarían los hombres? ¿Qué habría sido ese golpe? ¿Estarían luchando con los ladrones? Nadie pensó en otra posibilidad, y siguieron a la espera.

Las diez. Se oyeron pasos en la escalera. Otto, pálido y nervioso, entra seguido del señor Van Pels:

—Apagad las luces y subid sin hacer ruido, es probable que venga la policía.

No hubo tiempo ya para tener miedo. Apagaron las luces y subieron deprisa.

—¿Qué ha pasado?

Pero no había nadie que pudiera contar nada. Los hombres habían vuelto a bajar, y no fue sino hasta las diez y diez cuando volvieron a subir los cuatro; dos se quedaron montando guardia junto a la ventana abierta de Peter. La puerta que daba al descansillo tenía el cerrojo echado, y la puerta giratoria estaba cerrada. Alrededor de la lamparilla de noche colgaron un jersey para mitigar la luz. El señor Pfeffer relataba con el aliento cortado:

—Peter ha oído dos fuertes golpes en el descansillo y corrió al piso de abajo y vio que en el lado izquierdo de la puerta del almacén había un agujero, y es que faltaba una gran tabla. Volvió arriba y nos avisó, y por eso los cuatro nos fuimos. Cuando entramos despacio en el almacén, los ladrones todavía estaban robando. Sin pensarlo, Van Pels gritó: «¡Alto! ¡Policía!», y los ladrones huyeron despavoridos. Para evitar que de verdad la policía o alguien notara el hueco que habían dejado los ladrones en la puerta, volvimos a poner la tabla, pero de repente una fuerte patada desde fuera la hizo volar de nuevo por el aire. Semejante descaro nos dejó perplejos.

—Yo sentí ganas de matarlos —dijo Peter.

—Agarré un hacha y di un fuerte golpe en el suelo —continuó Van Pels.

—Y ya no se oyó nada más.

—Así que volvimos a poner la madera en el hueco —dijo Otto.

—Y mientras lo hacíamos —continuó Peter— alguien iluminó desde fuera con una linterna muy potente todo el almacén.

—Los cuatro corrimos otra vez hacia arriba —continuó Peffer—, tomé mis libros, Peter abrió las puertas y ventanas de la cocina y el teléfono se le cayó al suelo sin querer, y por fin todos desaparecimos detrás de las paredes del escondite.

—Los de la linterna han avisado a la policía —continuó Otto—, y como es domingo de Pascua, y el lunes de Pascua no hay trabajo en la oficina, no nos podemos mover hasta el martes por la mañana.

—¡Dos noches y un día aguantando con este miedo!

—¡Y en la más plena oscuridad!

Se hicieron las diez y media, las once, ningún ruido. Las voces susurraban, y cuando algo crujía se oía «¡chis, chis!». Entonces, a las once y cuarto, de repente sonó un ruido abajo. Se oía la respiración de toda la familia, pero permanecían inmóviles. Pasos en la casa, en el despacho, en la cocina, y luego... ¡en la escalera! Ya no se oía la respiración de nadie, solo los latidos de ocho corazones. Alguien tocaba la puerta giratoria.

—¡Estamos perdidos! —susurró Ana, y ya veía que esa misma noche la Gestapo se los llevaría consigo.

Traqueteo en la puerta giratoria, dos veces, luego se cae una lata, los pasos se alejan. Sintieron un estremecimiento, oyeron castañetear varios dientes, nadie decía aún una sola palabra, y así estuvieron hasta las once y media.

No se oía nada más en el edificio, pero en el descansillo estaba la luz encendida, justo delante del armario. ¿Sería porque su armario resultaba misterioso? ¿Acaso la policía había olvidado apagar la luz? ¿Vendría aún alguien a apagarla? Ya no había nadie en la casa, tal vez un guardia delante de la puerta. A partir de ese momento solo pudieron hacer tres cosas: enunciar suposiciones, temblar de miedo e ir al retrete. Los cubos estaban en el desván; solo podría servir la papelera de lata de Peter. Eran las doce de la noche.

—¡Tumbaos en el suelo y dormid! —susurró Otto Frank.

Dieron a las niñas una almohada y una manta a cada una. Se tumbaron entre las patas de la mesa. A ras del suelo no olía tan mal, pero aun así, la señora fue a buscar sigilosamente polvos de blanqueo.

En esas condiciones era imposible dormir. A las dos y media, sin embargo, ya estaban demasiado cansados. Cuando Ana se despertó, la señora Van Pels estaba acostada con la cabeza encima de sus pies.

—¡Por favor, déme algo que ponerme! —le pidió.

La señora le dio unos pantalones de lana para ponerse encima del pijama. A partir de las tres y media Ana se puso a pensar, y como todavía temblaba, no podía dormir. Se estaba preparando para cuando volviera la policía. Tendrían que decir que eran un grupo de escondidos. Si los policías eran holandeses del lado bueno, no pasaría nada, pero si eran del NSB29, los otros, tendrían que sobornarlos.

—¡Hay que esconder la radio! —suspiró de repente la señora.

—¡Sí, en el horno...! —le contestó su marido irónicamente—. Si nos encuentran a nosotros, ¡que también encuentren la radio!

—¡Entonces también encontrarán el diario de Ana! —dijo temerosa.

—¡Pues quemadlo! —sugirió el dentista.

En ese momento enmudecieron. La policía se puso a traquetear en la puerta-armario; fueron los momentos más tensos.

—Ahora tendremos que comportarnos como soldados —dijo Otto Frank, resignado—. No tenga miedo, señora, si perdemos la vida, que sea por la Reina y por la Patria, por la libertad, la verdad y la justicia.

Pero no pasó nada. Después de una hora, los hombres empezaron a fumar; de vez en cuando un profundo suspiro, luego alguien que iba al baño. Las cuatro, las cinco, las cinco y media. Ahora se sentaron pegados unos a otros, tan pegados, que cada uno sentía los escalofríos del compañero en su propio cuerpo. Se dijeron alguna que otra palabra y aguzaron los oídos. Decidieron que a las siete llamarían por teléfono a Kleiman, pero existía el riesgo de que el guardia que estaba delante de la puerta o en el almacén oyera el teléfono, aunque el mayor peligro era que volviera la policía.

Así pasaron todo un horrible día. De vez en cuando sonaban las sirenas, pero ellos no se movían. Estaban entumecidos. Fue un milagro. Todos estaban convencidos de ello. Ninguno había pasado jamás por un peligro tan grande. Dieron gracias a Dios: la policía delante de la puerta del escondite, la luz del descansillo encendida, ¡y ellos aun así pasaron inadvertidos! «¡Estábamos perdidos! —dijo Ana en voz baja—, pero otra vez nos hemos salvado».

Al día siguiente lo recordaba:

—Peter, esa noche supuse realmente que iba a morir; esperé a que llegara la policía, estaba preparada, preparada como los soldados en el campo de batalla. Quería sacrificarme gustosa por la patria, pero ahora, ahora que me he salvado, mi primer deseo después de la guerra es: ¡hacerme holandesa!

Peter sonrió.

Angustia

Julio de 1943. Justo un año de encierro.

Ha habido un terrible bombardeo en el sector norte de Amsterdam. Los destrozos han sido enormes. Calles enteras han sido devastadas, se está tardando mucho en rescatar a la gente sepultada bajo los escombros. La radio no hace más que repetir estas terribles noticias.

—¡Es horrible!

—Hasta ahora se han contado 200 muertos y un sinnúmero de heridos, los hospitales están llenos hasta los topes.

—Miep dice que hay niños perdidos entre las ruinas incandescentes, y que los pobres van buscando a sus padres muertos.

—¡Calla, por favor, Ana! Cuando pienso en los estruendos que se oían en la lejanía, me da escalofríos.

Un día, se llevan un susto terrible. A las ocho de la noche alguien llama al timbre muy fuerte. Enseguida piensan lo peor, pero luego, por la ventana, entre las cortinas, ven que se trata de unos gamberros y respiran aliviados.

Los días transcurren en silencio. Levinsohn, un farmacéutico y químico judío menudo que trabaja para Kugler en la cocina, conoce muy bien el edificio y por eso tienen miedo de que se le ocurra ir a echar un vistazo al antiguo laboratorio. Los escondidos se mantienen silenciosos como ratoncitos acorralados.

Las malas noticias de lo que está ocurriendo fuera les van llegando por un cauce u otro. Ninguno de los escondidos sabe muy bien qué actitud adoptar ante estos acontecimientos; hasta ahora nunca les había llegado tanta información sobre la suerte de los judíos y les parece mejor conservar en lo posible el buen humor. Las pocas veces que Miep les ha contado algo sobre las cosas terribles que les han sucedido a algunos conocidos suyos, ha provocado el llanto de las señoras, de modo que Miep ha decidido no contarles nada más.

Pero recuerdan que al recién llegado señor Pfeffer enseguida lo acribillaron a preguntas, y las historias que contó eran tan terribles y bárbaras que no podían sacárselas de la cabeza. Sin embargo, cuando ya no tenían las noticias tan frescas en sus memorias, volvían a la vida normal, a contar chistes y a gastarse bromas. Se han dado cuenta de que de nada sirve amargarse y amargar la vida a los demás. Han aprendido a comprenderse y a aceptarse, y eso, a pesar de las pequeñas peleas o discusiones —que casi diríamos que son necesarias para la salud mental de los refugiados—, porque al fin y al cabo son nada más que eso: pequeños egoísmos encubiertos y orgullos mal digeridos. A los que están fuera no se les puede ayudar, si no es rezando. ¿Y qué sentido tiene hacer de la Casa de Atrás una «casa melancolía», como diría la misma Ana? Ella, por su parte, reza, y en todo lo que hace se acuerda de los que están ausentes, sobre todo de su amiga del alma Hanneli, y cuando alguna cosa le provoca la risa, se asusta y deja de reír, pensando en que es una vergüenza que esté tan alegre. Pero es una niña, y la energía se le desborda a borbotones.

Por las noches, cuando se pone a repensar los múltiples «pecados» y defectos que se le atribuyen, la «gran masa de cosas que debe considerar», le confunde de tal manera, que o bien se echa a reír por lo bajito en su cama, o bien a llorar, según cómo esté de humor, y entonces se duerme con la extraña sensación de querer ser alguien distinto de quien es, o de ser alguien distinto de quien debería ser, y a veces no sabe muy bien quién es en realidad.

El hambre

Según Ana, quien quiera adelgazar no tiene más que pasar una temporada en la Casa de Atrás. Y es que la comida se ha convertido en un factor primordial y difícil no solo en la Casa de Atrás, sino también en Holanda y en toda Europa, y «aún más allá», se atreve a aventurar Ana.

En los pocos meses que llevan encerrados, los habitantes de la Casa de Atrás han tenido unos cuantos «ciclos de comidas». Un ciclo de comidas es un período de tiempo en el que todos los días comen el mismo plato o la misma verdura. Durante una temporada, por ejemplo, no hubo otra cosa que comer que escarola: con arena, sin arena; con puré de patatas, sola o en guiso; luego vinieron las espinacas, los pepinos, los tomates, el chucrut, a veces lo mismo dos veces al día; pero cuando se tiene hambre, se come cualquier cosa. El menú de la semana para la comida del mediodía, por ejemplo, es el siguiente: sopa de guisantes, patatas con albóndigas de harina y zanahorias podridas. De primero siempre comen patatas, también a la hora del desayuno, ya que no hay pan tierno. Hacen sopa de judías pintas o blancas, y sopa de patatas. Todo lleva judías pintas. Por las noches siempre comen patatas con sucedáneo de salsa de carne y ensalada de remolachas. Las albóndigas de harina son gomosas y duras, y sientan como piedras en el estómago, pero no pueden quejarse, porque fuera la hambruna es peor. Un ejemplo es que ya no quedan gatos en la ciudad.

El mayor aliciente culinario que tienen es el trozo de morcilla de hígado de cada semana y el pan seco con mermelada. Pero al menos aún están con vida, y a veces todas estas cosas hasta les saben bien.

—Hemos comido tantas habas y judías pintas que ya no las puedo ni ver, con solo pensar en ellas se me revuelve el estómago —dice Ana.

—Pues no es necesario que te preocupes, niña, porque precisamente ahora escasean, quizá no las pruebes en una buena temporada.

—Usted siempre tan amable, señor Pfeffer.

—Sigue pelando patatas y calla.

Otto es el más modesto de todos en la mesa. Siempre se fija en primer lugar si todos los demás ya están servidos. Parece no necesitar nunca nada. Lo mejor siempre es para los chicos. Es la bondad personificada. Actuar así, en esas difíciles circunstancias en las que el egoísmo innato del hombre aflora, no es fácil.

—Esta comida es un rollo —se queja Ana—, este pan seco con sucedáneo de café, y para almorzar las malditas espinacas o esa horrible lechuga, y las patatas…

—Las patatas fritas siempre te han gustado…

—Sí, pero no estas, de veinte centímetros de largo y casi siempre podridas, dulces y con sabor a cualquier cosa.

—No debemos quejarnos —señala el señor Frank.

—Tu padre tiene razón, Ana —apoya su madre.

—Pero cómo no se nos va a hacer la boca agua, cuando ya solo desayunamos dos cucharadas de papilla de avena y tenemos un hambre que nos morimos, reconocedlo, cuando día a día no comemos otra cosa que no sean espinacas a medio cocer con patatas pochas, cuando en nuestros estómagos vacíos no metemos más que lechuga en ensalada y lechuga cocida, y espinacas, espinacas y otra vez espinacas. ¡Quién sabe si algún día seremos tan fuertes como Popeye! Aunque de momento no se nos note...

El señor Pfeffer no aguanta más:

—Deberías aprender a no decir todo lo que se te pasa por la cabeza.

—Y usted no debería hablar —se revuelve la chica—, usted come mejor que todos nosotros.

—¡Por el amor de Dios, Ana, basta ya! —le riñe su madre, y todos se vuelven hacia Fritz Pfeffer con una mirada de reproche.

—Ana tiene razón —la defiende Peter—, el señor Pfeffer se provee a escondidas.

Por casualidad los Frank han encontrado en el armario del doctor de todo lo que se puede soñar en tiempos de guerra: pan, queso, mermelada, huevos... Otto no ha dicho nada, pero Ana considera que es un verdadero escándalo que tras acogerlo con tanto cariño para salvarlo de una desgracia segura, se llene el estómago a escondidas sin darles nada a ellos.

Pero la fragilidad humana sale a la superficie en estas situaciones límite. Todo es casi comprensible. Como hemos dicho, los pensamientos de los refugiados varían tan poco como ellos mismos, pasan de los judíos a la comida y de la comida a la política, como si de un frenético tiovivo se tratase.

La Casa de Atrás ha recibido la buena nueva de que para Navidad entregarán a cada uno un cuarto de kilo de mantequilla extra. En el periódico dice un cuarto de kilo, pero eso es solo para los mortales dichosos que reciben sus cupones de racionamiento del Estado, y no para judíos escondidos que, a causa de lo elevado del precio, compran cuatro cupones en lugar de ocho, y clandestinamente. Con la mantequilla los de la casa piensan hacer alguna cosa de repostería. Ana ha hecho galletas y dos tartas.

Desde hace dos semanas, los sábados almuerzan a las once y media, por lo que deben conformarse con una taza de papilla por la mañana con el propósito de ahorrar una comida. Todavía es muy difícil conseguir verdura; esa misma tarde han comido lechuga podrida cocida, lechuga en ensalada y espinacas, otra cosa no hay. A eso se le añaden las consabidas patatas podridas.

Todo el mundo compra y vende en el mercado negro. Cualquiera ofrece algo para vender. Por eso, si hay dinero hay mercancías, y por eso los habitantes de la Casa de Atrás, que han puesto sus ahorros en común, tienen la posibilidad de abastecerse. Algunos verdaderos héroes que colaboran con los protectores de los escondidos, aunque no saben quiénes son, y que participan del gran secreto que les podría llevar a la ejecución inmediata, proporcionan siempre algo. El chico de la panadería les ha conseguido seda para zurcir, a 90 céntimos una madejuela. El lechero, cupones de racionamiento clandestinos. Un empresario de pompas fúnebres les da queso.

Pero por causa de la comida todos los días hay robos, asesinatos y asaltos. Los agentes de la policía y los vigilantes nocturnos no se quedan atrás con respecto a los ladrones de oficio: todos quieren llenar el estómago, y como está prohibido aumentar los salarios, la gente se ve obligada a estafar, o a quitarse las cosas por las buenas o por las malas.

La familia, a prueba

Ana se desahoga con Kitty. Escribe todo lo que le pesa en el corazón, y el resto del día se muestra de lo más atrevida, alegre y segura de sí misma…

Hoy ha tenido una fuerte discusión con su madre. En ocasiones así, siempre se le saltan las lágrimas, «lamentablemente», piensa ella. Y es que no lo puede evitar, tiene el llanto a flor de piel. En esos momentos siempre se acuerda de su padre: «Papá es bueno conmigo, y también mucho más comprensivo». También piensa que no soporta a su madre: «a mamá no la soporto, y es que se le nota que soy una extraña para ella, ni siquiera sabe lo que pienso de las cosas más cotidianas».

Durante su estancia en el escondite las irritaciones mutuas entre madre e hija se hacen notar; se pelean a menudo. Con todo, ella es consciente de que las peleas se ven reforzadas por lo extraordinario de su situación, como nos dirá en su diario. Reconoce que las violentas frases son solo manifestaciones de enfado que en la vida normal habría podido resolver dando «cuatro patadas en el suelo o encerrándose un rato en su habitación».

Otto Frank refiere en sus memorias esta relación de Ana con su madre. Le preocupa el hecho de que su mujer y su hija no tuviesen una buena relación, y piensa que su mujer lo sufrió más que la niña. Cree, además, que fue una madre estupenda, para quien sus hijas eran siempre lo primero. Nos cuenta que su mujer se quejaba a menudo de que Ana se rebelara contra todo lo que ella hacía o decía, pero que la consolaba saber que al menos Ana confiaba en su padre.

La adolescencia de Ana se deja sentir. Pero entre cuatro paredes las contradicciones de una vida que eclosiona hacia la madurez se convierten en «tragedias», en incomprensiones, en tormentas de emociones poco contenidas y mal asimiladas, en reproches continuos y en manías persecutorias que la edad habría curado y que Ana apenas tuvo la oportunidad de superar.

Otro encontronazo; la madre empieza a despotricar.

«Ahora, mamá irá y le contará a papá todos mis pecados», piensa Ana. La madre se pone a llorar. Ana también. La niña corre a su padre, le dice que lo quiere mucho más a él que a mamá. Él quita hierro a la situación y le asegura que ya se le pasará. A Ana se le viene a la cabeza algo que ella juzga horrible: «A veces me gustaría darle una torta». Se aterroriza, no sabe de dónde sale esa enorme antipatía que siente por su madre. Según va compartiendo todas estas ideas con su diario espera que su madre nunca llegue a leer esa parte.

Algo hay de razón en esto. Durante su estancia en el escondite, Edith Frank, la madre de Ana, sufre con frecuencia ataques de melancolía. Miep Gies se refiere a una conversación a solas con ella y confiesa que había algo que la afligía, pero de lo que no se atrevía a hablar en presencia de los demás. Nos cuenta esta excepcional testigo que Edith se sentía presa de una profunda desesperación. También nos dice que mientras los otros contaban los días hasta que llegaran los aliados y se imaginaban lo que harían cuando la guerra hubiese terminado, la señora Frank le confesó que, para vergüenza suya, tenía la sensación de que ese día nunca llegaría.

Mientras están escondidas, Ana y Margot también tienen unas cuantas riñas. Aun así, se llevan bien y hablan de gran variedad de temas. El 12 de marzo de 1944, Ana apunta en su diario que Margot es muy buena con ella y parece como si quisiera ser su confidente. Está segura de que su hermana la toma demasiado en serio, y que la mira con ojos inquisitivos cuando ella le cuenta algo, como si se preguntara: «¿Me lo dirá en serio o me lo dice por decir?».

En otras ocasiones carga las tintas sobre su madre, como si fuera una especie de enemiga. Se pregunta: «¿Puede ser casual que papá y mamá nunca regañen a Margot, y siempre sea yo la que cargue con la culpa de todo?». Y pone ejemplos que, mirados con objetividad, no tienen ninguna importancia, pero que en su forzoso encierro y sin el aire puro de la libertad física se convierten en verdaderos dramas.

Una noche, por ejemplo, Margot está leyendo un libro. Se levanta y lo deja distraídamente sobre una mesilla con intención de seguir leyéndolo más tarde. Como Ana en ese momento no tiene nada que hacer, lo coge y se pone a mirar las ilustraciones. Al volver Margot, ve «su» libro en las manos de su hermana… y estalla la tormenta. Ana hace caso omiso de las airadas demandas de Margot y sigue leyéndolo como si tal cosa. Entonces, la madre interviene en el asunto.

—¡Ya quisiera ver lo que harías tú si Margot se pusiera a hojear tu libro! ¡Ana!

El padre interviene también:

—Ese libro lo estaba leyendo Margot, así que dáselo a ella.

Ana suelta bruscamente el libro y sale de la habitación. Sube corriendo al desván y se pone a llorar de rabia. ¿Pero es posible que todos se metan con ella? ¿No podía Margot haberle pedido sencillamente el libro con un poco más de educación? ¿Por qué mamá tiene que meterse en todo? ¿Y papá? Él siempre la apoya, pero esta vez le ha dado la razón, sin más, a su hermana... Así va discurriendo la chica cuando oye unos pasos que suben por la escalera.

—¿Qué te pasa, Ana?

—Mis padres la han tomado conmigo.

Y le cuenta a Peter todo lo ocurrido.

—Papá no estuvo muy bien al juzgar sin conocer el objeto de la controversia, yo sola le habría devuelto el libro a Margot, e incluso mucho antes, de no haberse metido mis padres en el asunto para proteger a Margot, como si de la peor injusticia se tratara.

—Bueno, tranquilízate, no creo que todo esto tenga tanta importancia.

—Que mamá salga a defender a Margot es normal, siempre se andan defendiendo mutuamente. Yo ya estoy tan acostumbrada, que las regañinas de mamá ya no me afectan, igual que cuando Margot se pone furiosa. Las quiero solo porque son mi madre y mi hermana.

—No digas eso, Ana —replica Peter.

—Sí, estoy harta. Margot es la más lista, la más buena, la más bonita y la mejor... ¿Pero acaso no tengo yo derecho a que se me trate un poco en serio? Siempre he sido la payasa y la traviesa de la familia, siempre he tenido que pagar dos veces por las cosas que hacía: por un lado, las regañinas, y por el otro, la desesperación que siento dentro de mí misma.

—Creo que estás haciendo una montaña de un granito de arena.

Por otro lado, a Otto, parece que el encierro no le afecte. Es el más sereno, el más ecuánime, el más justo. Otto Frank se lleva bien con todos, a todos sabe llevarlos, y sobrellevarlos. En sus memorias, Miep Gies, la amiga que se ocupa de la intendencia, lo describe como el más sereno, el educador de los niños, el más juicioso, el que mantiene a todos en equilibrio, el líder, el jefe. Y así es, cuando hay que tomar una decisión, todas las miradas se vuelven hacia él.

Pero es que Ana, la pequeña, es la que ha sufrido más las consecuencias de su nueva situación, de su nuevo estado: el cambio tan repentino de vida, las peleas, las recriminaciones...; no logra entender lo que le pasa, y la única postura que sabe adoptar es la de ser «algo» insolente. Tras los primeros meses de encierro surgen los accesos de llanto, la soledad, el ir dándose cuenta paulatinamente de todos sus fallos y defectos, aumentados por la lupa de las críticas de sus vecinos.

Una noche, estando ella acostada en la cama y esperando a que viniera su padre a rezar con ella como todas las noches, entró su madre y se sentó humildemente en el borde de la cama.

—Ana, papá todavía no viene, ¿quieres que rece yo contigo?

—No, mamá.

La madre se levanta, se queda de pie junto a la cama y luego se dirige lentamente hacia la puerta. De repente se vuelve, con un gesto de amargura en la cara:

—No quiero enfadarme contigo, sé que el amor no se puede forzar.

Y sale de la habitación con lágrimas asomándole en los ojos.

Ana se queda quieta en la cama, y comienza a sollozar en silencio.

Tres de los protectores describen después de la guerra el desarrollo psicológico de Ana Frank durante su estancia en el refugio. Johannes Kleiman cuenta que Ana tenía trece años cuando llegó al refugio y que en el tiempo que estuvo encerrada había pasado de ser una niña a ser una joven mujer. Miep Gies coincide con él, relata que durante su encierro en el refugio, Ana fue madurando cada vez más, que se interesaba por lo que acontecía en el mundo. Cuando hablaba con ella, tenía la impresión de estar conversando con una persona adulta. Bep Voskuijl, otra de las amigas de la familia, añade que siempre admiró a Ana, porque era la menor y porque en las circunstancias penosas de aquel entonces debió de pasar momentos muy difíciles, y continúa diciendo que no se le notaba nada. Nunca se quejaba, estaba siempre alegre, bromeaba, estaba contenta y se conformaba con su suerte. Sin embargo, también es normal, y se sabe, que Ana a veces se quejaba de la comida, de las riñas, etc.

Pero después de la tempestad viene la calma. Ana y su madre se entienden bastante mejor últimamente, aunque nunca llegarán a tener una verdadera relación de confianza, todo lo contrario a lo que pasa con su padre.

Pasarán muchos meses antes de que Ana comience a releer el diario desde el principio. Cuando lo hace, se queda pasmada de algunas líneas vertidas en él.

Se topa varias veces con pliegos que tratan el tema de su madre y vierten opiniones con tanta vehemencia que la niña se asusta y se pregunta si es ella misma la que ha escrito tales cosas... Luego se recrimina a sí misma su ligero proceder y se queda absorta en el diario, abierto en la mano... Se pone a pensar cómo es posible que hubiera podido estar tan furiosa para escribir tales cosas. Después realiza un esfuerzo por comprender a la Ana de hace un año y perdonarla, se da cuenta de que ha padecido y padece estados de ánimo que la mantenían «con la cabeza bajo el agua» —según sus propias palabras— y que solo le dejaban ver las cosas de manera subjetiva. De repente, es consciente de que ha actuado mal, de que su temperamento efervescente ha podido ofender o causar bastante dolor a los que la rodean. Se le antoja que en muchas páginas podría poner ahora: «Pertenece al ayer».

Días después es capaz de escribir que «mamá, Margot y yo hemos vuelto a ser grandes amigas». Cuenta que la noche anterior estaba acostada en su cama con Margot hablando tranquilamente. Había poquísimo espacio, y por eso precisamente era muy divertido. Margot le pidió que le dejara leer el diario.

—Solo algunas partes —contestó Ana. Y, a su vez, le pidió el suyo. Margot le dejó que lo leyera; así llegaron al tema del futuro, y Ana le preguntó qué quería ser cuando fuera mayor.

—No puedo decírtelo, es un secreto.

—¡Vaya tontería! ¿Cómo que un secreto?

—No quiero que nadie lo sepa todavía…

El principio de una amistad

—Hola, Peter, ¿qué estás haciendo?

—Estudiando francés.

—¿Puedo echar un vistazo?

—Sí.

Ana se lavó las manos y se sentó frente a él en el diván. Después de explicarle una cosa de francés, le espetó:

—¿Por qué estás siempre tan callado?

—No tengo nada interesante que decir.

—A mí no me lo parece, me interesa lo que dices.

Peter se dio cuenta de que había encontrado a una interlocutora interesada y atenta, y pareció animarse.

—Bueno, ya sabes, yo nunca digo gran cosa, porque sé de antemano que se me va a trabar la lengua, tartamudeo, me pongo colorado y lo que quiero decir me sale al revés, hasta que en un momento dado tengo que callarme porque ya no encuentro las palabras. Ayer me pasó igual; quería decir algo completamente distinto, pero cuando me puse a hablar, me hice un lío y la verdad es que es algo horrible. Antes tenía una mala costumbre, que aún ahora me gustaría seguir poniendo en práctica: cuando me enfadaba con alguien, prefería darle unos buenos tortazos antes que ponerme a discutir con él; ya sé que este método no lleva a ninguna parte, y por eso te admiro, tú al menos no te lías al hablar, le dices a la gente lo que le tienes que decir y no eres nada tímida.

Ana se quedó pasmada.

—Te equivocas de medio a medio, ahora no has parado de hablar, y me has revelado sobre tu forma de ser mucho más que en una hora de conversación.

—Gracias.

—Además, en la mayoría de los casos yo también digo las cosas de un modo muy distinto del que me había propuesto, y entonces digo demasiadas cosas y hablo demasiado tiempo, y eso es un mal no menos terrible.

—Es posible, pero sin embargo tienes la gran ventaja de que a ti nunca se te nota que eres tímida, no cambias de color ni te inmutas.

Esta última frase la hizo reír para sus adentros, pero quería que siguiera hablando sobre sí mismo con tranquilidad; no dejó que se le notara la gracia que le causaba. Ana se sentó en el suelo sobre un cojín, abrazando sus rodillas levantadas, y miró a Peter con atención. Estaba muy contenta de que en la casa todavía hubiera alguien como ella. Se notaba que a Peter le hacía bien poder criticar a Pfeffer duramente, sin temor a que Ana se chivara. Y a ella también le hacía sentirse muy bien, porque notaba una fuerte sensación de solidaridad, algo que antes solo había tenido con sus amigas.

Luego, Peter siguió hablando de sí mismo. Le contó que le gustaría irse a las Indias Neerlandesas a vivir en las plantaciones. Le habló de su vida en casa de sus padres, del mercado negro y de que se sentía un inútil. Ana le dijo que le parecía que tenía un complejo de inferioridad bastante grande. Él no se inmutó, siguió hablando de la guerra, de que los ingleses y los rusos seguro que volverían a entrar en guerra, y le habló de los judíos. Dijo que todo le habría resultado mucho más fácil de haber sido cristiano, y de poder serlo una vez terminada la guerra.

Ana comprendió de repente mucho mejor por qué Peter siempre abrazaba tan fuerte a su gato Muschi; estaba claro que él también tenía necesidad de cariño y de ternura. Peter continuó y dijo que en general no sabía lo que era el miedo, y que si a algo le tenía temor, en todo caso, era a sus propios defectos, aunque ya lo estaba superando.

«Ese sentimiento de inferioridad que tiene Peter es una cosa terrible», pensó Ana. «Él siempre se cree que no sabe nada y que nosotras somos las más listas. Cuando le ayudo en francés, me da las gracias mil veces. Algún día tendré que decirle que se deje de tonterías, que él sabe mucho más inglés y geografía que mucha gente».

Los Van Pels

En la Casa de Atrás se alterna el ambiente cordial con los roces de carácter. La convivencia forzada y forzosa las veinticuatro horas del día en un sitio cerrado, los múltiples miedos, las privaciones y sufrimientos, hacen que el mal humor y la lengua ociosa se disparen y les precipite sin darse cuenta en un torrente de reproches y quejas absurdos... Y todo porque empiezan a hablar sobre la modestia de Pim, hecho indiscutible que todos pueden comprobar.

—Yo también soy muy modesta, mucho más modesta que mi marido —dijo la señora Van Pels.

El señor Van Pels creyó necesario aclarar aquello:

—Es que yo no quiero ser modesto, cariño, toda mi vida he podido ver que las personas que no son modestas llegan mucho más lejos que las modestas.

Y dirigiéndose a Ana:

—No te conviene ser modesta, Ana. No llegarás a ninguna parte siendo modesta.

—Estoy completamente de acuerdo —dijo la señora Frank—, los tiempos han evolucionado, y los métodos educativos también.

—¡Pero qué tontería! —dijo la señora Van Pels—. ¡Qué concepción de la vida tan curiosa la suya, señora Frank, al decirle a Ana una cosa semejante! En mis tiempos no era así, y ahora seguro que tampoco lo es, por mucho que diga usted, salvo en una familia tan «moderna» como la suya.

—Señora Van Pels —continuó tranquilamente la madre de Ana—, yo también opino ciertamente que en la vida es mucho mejor ser más espabilada y no ser tan modesta. Mi marido, Margot, e incluso su hijo Peter son muy modestos; sin embargo su marido y usted no son tan modestos, y en cuanto a Ana y a mí, sí que lo somos y no por eso vamos a permitir que se nos dé de lado.

—¡Pero señora, no la entiendo! De verdad que soy muy, pero que muy modesta. ¡Cómo se le ocurre llamarme poco modesta a mí!

—Es cierto que no le falta modestia, pero nadie la consideraría verdaderamente modesta.

La señora Van Pels se puso coloradísima:

—Me gustaría saber en qué sentido soy poco modesta. ¡Si yo aquí no cuidara de mí misma, nadie lo haría, y entonces tendría que morirme de hambre, pero eso no significa que no sea igual de modesta que su marido!

Estar encerrados, siempre juntos, y el temor a ser descubiertos crea todas estas tensiones ridículas y da lugar a frecuentes y absurdas peleas entre ellos. Para desahogarse, Ana Frank escribe en su diario lo más a menudo posible, le cuenta que ha vuelto a haber «ruidosas» disputas entre el señor y la señora Van Pels. Por lo visto se les acabó el dinero y quisieron vender un abrigo de pieles de ella y un traje de él, pero nadie quería comprarlos porque el precio que pedían era demasiado alto. Sin embargo, un día el señor Kleiman les comentó que conocía a un amigo peletero; de ahí que el señor Van

Pels decidiera intentar venderlo otra vez, y lo consiguió. Era un abrigo de pieles de conejo que ya tenía diecisiete años y tampoco era gran cosa, pero le dieron 325 florines por él, una suma enorme para esos tiempos de escasez. Así que la señora quiso quedarse con el dinero para poder comprarse ropa nueva después de la guerra, y no fue nada fácil convencerla de que ese dinero era más necesario para los gastos inmediatos de la casa. La señora Van Pels estaba desolada.

La casa entera retumba por las disputas, y es que ahora riñen todos: Edith Frank y su hija; Hermann van Pels y el señor Frank; Edith Frank y Auguste van Pels; todas las combinaciones son posibles, todos están alguna vez enojados con todos. Solo Otto Frank, cabeza moral del grupo, conserva la calma.

—Honestamente, Peter, a veces ya ni sé con quién estamos reñidos ni con quién ya hemos vuelto a hacer las paces.

—A mí me pasa lo mismo, lo único que me distrae es estudiar; así me olvido de estas discusiones absurdas.

Ana y Peter aprovechan cualquier ocasión para subir al desván para hablar. La excusa: ir a por provisiones. Allí delante de la ventana que da al cielo de Amsterdam, donde las gaviotas dibujan extrañas figuras en las nubes y parecen mirar hacia abajo con compasión al hombre, se detienen un rato y hablan, y cada vez se van haciendo más amigos. Ella piensa que se ha equivocado con Peter, que no lo conocía bien, que después de todo es un chico muy agradable en el que se puede confiar.

—Me parece muy curioso que los adultos se peleen tan fácilmente y por cosas tan pequeñas —le dice Ana—. Hasta ahora siempre había pensado que reñir era cosa de niños y que con los años se pasaba.

—Pues en casa, mis padres están siempre riñendo —señala Peter—, pero a los cinco minutos están abrazados.

—De todos modos, he aprendido una cosa, Peter, y es que a la gente no se la conoce bien hasta que no se ha tenido una verdadera pelea con ella, solo entonces ves qué clase de personas son.

—Pues yo creo que tú tienes un carácter muy alegre.

—A lo mejor, pero no creas que eso le gusta a todo el mundo; desde luego aquí no. El señor Pfeffer y hasta tu madre me regañan a menudo, y la mayoría de las veces no sé por qué. Ya sé que tengo muchos defectos y que hago muchas cosas mal, ¡pero tampoco hay que exagerar tanto!

Se quedan unos instantes en silencio.

—Peter, tengo que confesarte una cosa…

—¿Qué…?

—A veces creo que Dios me quiere poner a prueba, ahora, y luego más tarde. Debo ser buena, sacrificarme, tragarme mis puntos de vista, callar cuando quisiera hablar, sé que solo así me haré más fuerte y podré hacer frente a mi destino.

Él la mira a los ojos y se sorprende a sí mismo, la mira con un incipiente cariño.

—Me da mucha pena pensar en todas las personas con quienes me he sentido siempre tan íntimamente ligada y que ahora están en manos de los más crueles verdugos que hayan existido jamás, y todo por ser judíos.

—Sí, el Pueblo Elegido…

—Ahora rezo, antes nunca pensaba en Él, no habría culpado a Dios por no escucharme, pero Él nos observa, seguro.

—Claro…

—Ya hemos sufrido antes y eso nos ha hecho fuertes. Dios nunca ha abandonado a nuestro pueblo. A lo largo de los siglos ha habido judíos que han sobrevivido.

—¿Sobrevivido para qué? ¿Para esto? ¿Para tener que escondernos como ratas?

—Hay algo misterioso en nosotros, Peter. Él cuida de los judíos, siempre lo hará.

Peter calla.

—Sin embargo —continúa ella—, otra cosa me angustia horriblemente, más de lo que puedo expresar… me refiero a que nunca podamos salir de aquí libres, Peter, tengo mucho miedo de que nos descubran y nos fusilen.

—Eso jamás ocurrirá —afirma resuelto.

Y ella le sonríe: —¿Me lo prometes?

—Te lo prometo.

—¡Ana, Peter! ¡A cenar!

Y se sientan todos en silencio a la mesa. Antes hablaban aunque ya se hubieran acabado los temas. Cuando alguno de los ocho iba a abrir la boca para contar algo, los otros siete ya sabían cómo seguir contando la historia. Sabían cómo terminaban todos los chistes, todos los cuentos, y el único que se reía de ellos era quien los contaba. Ahora todo es distinto. Deterioradas las relaciones, en la mesa nadie se atreve a abrir la boca –salvo para deslizar en ella un furtivo bocado–, por miedo a que lo que diga resulte hiriente o se malinterprete.

Para llevar la cosa un poco más lejos, parece que todos los presentes la han tomado por turnos con Ana. Unos le reprochan esto, otros aquello…

—Hay algunas personas —dice Ana a Peter —, a las que parece que les proporciona un placer especial educar no solo a sus propios hijos, sino también participar en la educación de los hijos de sus amigos.

—¿Por quién lo dices?

—¿No está claro? Por el señor Pfeffer, e incluso por tus padres.

Cuando en la comida Ana se sirve poco de alguna verdura que no le agrada y la sustituye por unas cuantas patatas más, el señor Van Pels, y sobre todo su mujer, se lanzan sobre ella:

—Anda, Ana, ¡sírvete más verdura!

—No, gracias, señora, me basta con las patatas.

—La verdura es muy sana, lo dice tu propia madre, anda, Ana, sírvete.

Insiste e insiste hasta que el señor Otto interviene y da la razón a su hija.

—Déjela, Auguste, Ana comerá un poco menos de verdura y no se servirá más patatas a cambio.

Al instante, Auguste van Pels se pone a despotricar:

—¡Tendrían que haber visto cómo se hacía en mi casa! Allí por lo menos se educaba a los niños… A esto no lo llamo yo educar. Ana es una niña terriblemente malcriada. Yo nunca permitiría este comportamiento si Ana fuese mi hija…

—A mí me parece que Ana es una niña muy bien educada —afirma el señor Frank—, al menos ya ha aprendido a no contestarle a usted cuando le suelta sus largas peroratas. Y en cuanto a la verdura, no puedo más que contestarle que a lo dicho, viceversa.

—No entiendo que quiere usted decir…

—Está claro, señora Van Pels. Usted se niega a probar las judías verdes y las coles sustituyéndolas por una cantidad adicional de carne o de lo que haya…

La señora está derrotada; es verdad, siempre se niega a tomar esas verduras porque, según ella, le producen «ventosidad».

Más adelante Ana aprenderá a comer de todo sin poner pegas, cosa que sorprende a los comensales, y es que la comida es tema de sobra para soñar. Pero ella, ayudada por sus pocos años, cuando la imaginación está todavía muy desarrollada, tiene una estrategia con los alimentos que no le gustan: pone el plato delante de sí, cierra un momento los ojos, se imagina que es una comida deliciosa, la mira lo menos posible y se la toma sin darse cuenta.

Haciendo salchichas

Agosto de 1943. El señor Van Pels ha trabajado toda su vida en el ramo de los embutidos, las carnes y las especias. En el negocio de Otto se le contrató por sus cualidades de especiero, pero ahora está mostrando su lado de charcutero, lo que no viene nada mal a los escondidos.

Han encargado clandestinamente mucha carne para conservar en frascos de cara a los tiempos difíciles. Van Pels ha decidido hacer salchichas, longaniza y salchichón. Primero pasa por la picadora los trozos de carne, dos o tres veces, luego va introduciendo en la masa de carne todos los aditivos y especias, llenando las tripas vacías a través de un embudo.

Se comieron las salchichas enseguida, al mediodía, con el chucrut, pero no así las longanizas, que eran para conservar, y primero debían secarse bien. Para ello las colgaron de un palo que pendía del techo con dos cuerdas. Todo el que entraba en el cuarto y veía la exposición de embutidos se echaba a reír, y es que era todo un espectáculo.

En el cuarto reinaba un gran ajetreo. Van Pels tenía puesto un delantal de su mujer, por lo que parecía más grueso de lo que era en realidad, y estaba atareadísimo preparando la carne: las manos ensangrentadas, la cara colorada y abotargada, las manchas en el delantal, tenía todo el aspecto de un carnicero de verdad.

Mientras, su señora hacía de todo a la vez: aprender holandés de un librito, remover la sopa, mirar la carne y suspirar y lamentarse por una contusión. Pfeffer, por su parte, tenía un ojo inflamado y se aplicaba compresas de manzanilla junto a la estufa.

El señor Frank estaba sentado en una silla justo donde le daba un rayo de sol que entraba por la ventana, y le pedían que se hiciera a un lado continuamente. Por la cara que ponía, seguro que de nuevo le molestaba el reuma, torcía bastante el cuerpo y miraba lo que hacía Van Pels con un gesto de fastidio en la cara. En esos momentos recordaba a uno de esos viejecitos inválidos de un asilo de ancianos.

Peter se revolcaba por el suelo con el gato Muschi, y la señora Frank y sus hijas, Margot y Ana, pelaban patatas sin parar. Al final, nadie hacía bien su trabajo, porque todos estaban pendientes de lo que hacía el «señor carnicero».

De pronto Pfeffer subió el volumen de la radio, que había estado susurrando de fondo con su eterno descontento, y toda actividad se congeló en la habitación:

El «Führer de todos los alemanes» habla con los soldados heridos.

—Me llamo Heinrich Scheppel.

—¿Lugar donde fue herido?

—Cerca de Stalingrado.

—¿Tipo de heridas?

—Pérdida de los dos pies por congelamiento y rotura de la articulación del brazo izquierdo.

Así transmite la radio este horrible «teatro de marionetas», como lo califica Ana. Los heridos parecen estar orgullosos de sus heridas y hablan como funcionarios acostumbrados a dar el parte. Parece que cuantas más heridas tienen, mejor. Uno de ellos está tan emocionado de poder estrechar la mano a Hitler que casi no puede pronunciar palabra. «¿Se habrán vuelto locos todos los alemanes?», piensa Ana.

Todas las noches hay algún sobresalto. De vez en cuando se producen interminables disparos nocturnos y Ana no puede reprimir su miedo. Alguna noche ha recogido todas sus pertenencias para irse; incluso una vez hizo una pequeña maleta en la que puso todas sus cosas de primera necesidad.

Pero su madre, con toda la razón, le pregunta: «¿Adónde piensas huir?». Y ella, volviendo en sí, regresa, vencida, a su habitación.

Terribles noticias

Toda Holanda ha sido castigada por la huelga general, los alemanes han declarado el estado de sitio y el gobierno ha decidido dar un cupón de mantequilla menos a cada ciudadano.

Pero el mundo de Ana continua ajeno a estos acontecimientos.

—Todos dicen que hablo de manera afectada —le confiesa a Peter—, que soy ridícula; cuando callo, soberbia; descarada cuando contesto; taimada cuando tengo una buena idea; holgazana cuando estoy cansada, y egoísta cuando como un bocado de más. No aguanto ni un minuto más, si pudiera me iría.

—¿Y adónde te irías? No les hagas caso.

—No puedo, es imposible. Todo el santo día me están diciendo que soy una insoportable, y aunque me ría y haga como que no me importa, en realidad me afecta mucho. A veces le pido a Dios que me dé otro carácter, uno que no haga que la gente descargue siempre su furia sobre mí.

Así es, o así creen que es Ana, y en realidad es una adolescente encerrada entre cuatro paredes, conviviendo día y noche con adultos con manías de mayores. El caso es que ellos no pueden tirar precisamente la primera piedra…

El señor Pfeffer, compañero de habitación de Ana, ha tomado la costumbre de chistarla por las noches cada vez que se mueve o se da la vuelta en la cama. Los domingos, sobre todo, son los días más odiosos para la niña. Su compañero de habitación enciende la luz muy temprano sin ningún tipo de consideración, arrancándola bruscamente del dulce sueño, y se dedica a hacer gimnasia durante diez o quince minutos, soplando y resollando. A la pobre víctima esos diez minutos se le antojan horas, las sillas que hacen de prolongación de su cama se mueven continuamente bajo su cabeza, por lo que así no hay quien descanse y el mal despertar está servido.

Claro que ella se toma sus pequeñas venganzas: como quien no quiere la cosa le desenrosca la lámpara, le cierra la puerta con pestillo o le esconde la ropa. Sin embargo, su buen corazón hace que pronto suprima las represalias en aras de la paz y la concordia. Y es que Ana hace unos esfuerzos tremendos para dominarse, para ser cooperativa, simpática y buena, y para hacer las cosas de tal manera que todos estén contentos.

Por las mañanas, al levantarse sale de la cama de un salto. Piensa: «enseguida puedes volver a meterte en tu camita», va hasta la ventana, quita los paneles de oscurecimiento, se queda aspirando el aire que entra por la rendija y se despierta. Luego, sin contemplaciones deshace la cama lo más rápido posible, para no poder caer en la tentación.

Llega el mediodía.

—Hola, Miep, hola Victor —dice Margot muy contenta.

—Hola a todos.

—Traigo los encargos —dice Miep, que no puede ocultar su preocupación.

—Siéntense, por favor —señala el señor Frank—. ¿Qué noticias hay? ¿Cómo está todo por ahí fuera?

Victor Kugler le mira con ojos angustiados:

—Terrible —se derrumba, no pudiendo maquillar más la verdad—, día y noche se están llevando a esa pobre gente, que no lleva consigo más que una mochila y algo de dinero, e incluso estas pertenencias se las quitan en el camino. Rodean los barrios y buscan casa por casa. A las familias las separan sin clemencia: hombres, mujeres y niños van a parar a lugares diferentes.

Los presentes no dan crédito.

—No sabíamos que las cosas habían empeorado tanto.

—Cada día hay niños que al volver del colegio encuentran que sus padres han desaparecido.

—¡Qué horrible! ¿Y qué hacen esos niños?

—Deambulan un par de días por las calles hasta que los alemanes vuelven por ellos. Además, la Policía de menores no cesa de buscar el paradero de chicas de quince o dieciséis años que desaparecen a diario.

—Las mujeres al volver de la compra —añade Miep—, se encuentran sus casas cerradas y selladas, con la señal de «judíos» pintada en la fachada. Los que estaban dentro han sido detenidos, y los que estaban fuera se quedan en la calle.

—Los holandeses cristianos también empiezan a tener miedo —dice Miep—, pues se están llevando a sus hijos varones a Alemania a trabajar.

—El mercado negro funciona a las mil maravillas —cambia de tercio bruscamente el doctor Pfeffer—. Podríamos comer todo lo que quisiéramos si tuviéramos el dinero suficiente para pagar los precios prohibitivos que piden.

Victor Kugler lo interrumpe:

—Miep nos ha traído una copia de la carta pastoral de los obispos dirigida a la grey católica. Es muy bonita y está escrita en un estilo muy exhortativo —y lee—: «¡Holandeses, no permanezcáis pasivos! ¡Que cada uno luche con sus propias armas por la libertad del país, por su pueblo y por su religión! ¡Ayudad, dad, no dudéis!» Esto lo proclaman sin más ni más desde el púlpito.

—¡Qué valor!

—Cualquier día los nazis irán a por ellos.

—Esta vida no tiene sentido —resuelve Auguste van Pels en un sollozo ahogado.

Los presentes la miran sorprendidos.

—A veces quisiera matarme —continúa—. ¿Cómo ha podido ocurrirnos esto a nosotros?

—¿A nosotros? —interrumpe Ana—. A nosotros nos va bien, mejor que a millones de otras personas. Tenemos que dar gracias a Dios. ¿Cómo podemos ser tan desagradecidos? ¿Cómo podemos pelearnos entre nosotros, que nos queremos en el fondo?

Atónitos, miran a la «pequeña Ana», no dan crédito a lo que oyen.

—Estamos en un sitio seguro y tranquilo —prosigue con vehemencia—, y todavía nos queda dinero para mantenernos. Somos tan egoístas que hablamos de lo que haremos «después de la guerra», de que nos compraremos ropa nueva y zapatos, mientras que deberíamos ahorrar hasta el último céntimo para poder ayudar a esa gente que está ahí fuera cuando acabe la guerra, e intentar salvar lo que se pueda.

El silencio se corta en la sala. Todos se miran y luego miran a Ana. ¿Es que esta niña ha cambiado? Ya no la oyen discutir; ahora que lo piensan hace tiempo que la notan más seria, pero también más agradable, a todo asiente y a todo se somete, pero claro, es que han pasado ya casi dos años, va a cumplir quince... las penas vividas, sin duda, la han hecho mayor.

Confidencias

Un día, Ana se encuentra lavando los platos con el matrimonio Van Pels. Como está muy callada —cosa poco común en ella—, los señores se extrañan. Ana se da cuenta y para evitar preguntas molestas saca un tema neutral de conversación, el libro *Enrique, el de la acera de enfrente.*

—Margot y yo hemos leído el libro que usted nos recomendó, señor Van Pels.

—Sí, es una obra excelente. ¿Y qué tal? ¿Os ha gustado?

—Bueno, no está mal, pero no nos ha parecido tan bueno, el niño está bien caracterizado, pero la trama, no sé, le falta algo.

De repente, toda la artillería se vuelve contra Ana.

—¿Cómo quieres tú comprender la psique de un hombre? La de un niño, aún podría ser. Eres demasiado pequeña para un libro así. Incluso para un hombre de veinte años sería demasiado difícil.

—Entonces, ¿por qué nos lo recomendó tan especialmente a Margot y a mí?

La señora interviene:

—Sabes demasiado de cosas que no son adecuadas para ti. Te han educado de manera totalmente equivocada.

Más adelante, cuando seas mayor, ya no sabrás disfrutar de nada.

—No la entiendo…

—Dirás a la gente que lo has leído todo en los libros hace ya veinte años. Será mejor que te apresures en conseguir marido o en enamorarte, porque seguro que nada te satisfará. En cuanto a la teoría ya lo sabes todo, solo te falta la práctica.

Ana se sorprende de tener la calma suficiente para responder:

—Quizás ustedes opinen que he tenido una educación equivocada, pero no todo el mundo opina como ustedes. ¿Acaso es de buena educación sembrar cizaña todo el tiempo entre mis padres y yo? Porque eso es lo que hacen ustedes muchas veces.

—Pero, ¡¿cómo…?!

—Sí, sí, ¿y hablarle de esas cosas a una chica de mi edad? Los resultados de una educación semejante están a la vista.

—¡Esto es inaudito!

—¡Habráse visto! ¡Qué poca vergüenza!

Y Ana, fuera de sí, desaparece de la cocina.

Muschi ha demostrado de forma patente que el tener gatos en la casa no solo trae ventajas: todo el edificio está infestado de pulgas, y la plaga se extiende día a día. El señor Kugler ha echado polvo en todos los rincones para exterminarlas, pero a las pulgas no les hace nada. A todos les pone muy nerviosos; todo el tiempo creen que hay algo arañándoles un brazo, una pierna u otra parte del cuerpo, de ahí que muchos integrantes de la familia estén siempre haciendo ejercicios gimnásticos para mirarse la parte trasera de la pierna o la nuca.

—Churchill, Smuts, Eisenhower y Arnold visitaron ayer los pueblos franceses tomados y liberados por los ingleses —comenta el señor Pfeffer.

—¡Qué grande es ese Churchill!

—Sí, se subió a un torpedero que disparaba contra la costa; ese hombre, como tantos otros en esta guerra, parece no saber lo que es el miedo. La gente sin duda está contenta de que la «ociosa» Inglaterra por fin haya puesto manos a la obra. No saben lo injusto que es su razonamiento cuando dicen una y otra vez que en Holanda no quieren una ocupación inglesa.

—¿Y quién querría una ocupación? —se pregunta Otto en voz alta.

—Para defender a Europa los ingleses tienen que entrar en los países ocupados y quedarse un tiempo para ordenar el caos reinante.

—Pero Holanda no quiere que los ingleses se queden en el país.

—Los holandeses no saben lo que quieren, quieren echar a los alemanes, no pueden y piden que Inglaterra intervenga, pero si vienen quieren que se vayan enseguida. ¡Qué contrasentido!

—No entiendo…

—El razonamiento viene a ser más o menos el siguiente: Inglaterra tiene que luchar, combatir y sacrificar a sus hijos por Holanda y los demás territorios ocupados. Los ingleses no pueden quedarse en Holanda, tienen que presentar sus disculpas a todos los estados ocupados, tienen que devolver las Indias a sus antiguos dueños, y luego podrán volverse a Inglaterra, empobrecidos y maltrechos.

Ana pregunta:

—¿Qué habría sido de Holanda y de los países vecinos si Inglaterra hubiera firmado la paz con Alemania, la paz posible en tantas ocasiones?

—Holanda habría pasado a formar parte de Alemania y asunto concluido —contesta Pfeffer—. Por cierto, niña, esta es una conversación de mayores.

—¡Uy!, lo siento, señor Pfeffer.

—A todos los holandeses —continúa el dentista— que aún miran a los ingleses por encima del hombro, que tachan a Inglaterra y a su gobierno de viejos seniles, que califican a los ingleses de cobardes, pero que sin embargo odian a los alemanes, habría que sacudirlos como se sacude una almohada; así tal vez sus sesos enmarañados se plegarían de forma más sensata...

Ana se levanta del salón donde los mayores hablan de política y sube enfadada al desván. Su amigo la sigue.

—Peter, ya no aguanto más.

—¿Por qué dices eso?

—Dime la verdad, ¿verdad que nadie me conoce realmente y que por eso a muchos no les caigo bien?

—No creo que eso sea verdad.

—Es cierto que soy un payaso divertido por una tarde y luego, durante un mes, todos están de mí hasta las narices. Es muy desagradable para mí tener que reconocerlo, pero ¿por qué no habría de hacerlo, si sé que es la pura verdad? Mi lado más ligero y superficial siempre le ganará al más profundo.

—A mí me gusta la Ana que veo.

—Pues no te puedes hacer una idea de cuántas veces he intentado empujar a esta Ana, que solo es la mitad de todo lo que lleva ese nombre, de golpearla, de esconderla, pero no lo logro y ni yo misma sé el porqué.

—Ana, todos estamos muy nerviosos aquí, nuestro comportamiento no puede ser tomado en serio; cuando estemos fuera, libres por fin, todo será distinto.

—No, Peter, siempre será igual, tengo mucho miedo de que todos los que me conocen tal y como siempre soy, descubran que tengo otro lado, un lado mejor y más bonito. Tengo miedo de que se burlen de mí, de que me encuentren ridícula, sentimental, y de que no me tomen en serio. Estoy acostumbrada a que no me tomen en serio, pero solo la Ana «ligera» está acostumbrada a ello y lo puede soportar, la Ana de mayor «peso» es demasiado débil para eso.

—O sea, que la Ana buena no se ha mostrado nunca, ni una sola vez…, pero yo te conozco.

—Quizás algo, Peter, pero sé perfectamente cómo me gustaría ser y cómo soy en realidad. Y esa quizá sea… no, seguro que es, la causa de que yo misma me considere una persona feliz por dentro, y de que la gente, en cambio, me considere una persona feliz por fuera. Por dentro, la auténtica Ana me indica el camino, pero por fuera no soy más que una cabrita exaltada que trata de soltarse de las ataduras.

Peter no acaba de entender a su amiga, piensa que se complica demasiado. Todo esto para él es un galimatías, pero luego la disculpa, comprende que llevan demasiados meses encerrados, pensar y pensar es lo único que les queda.

—Cuando estoy callada y seria —continúa—, todos piensan que estoy haciendo teatro, y entonces tengo que salir del paso con una broma. Y para qué hablar de mi propia familia, que cuando estoy tranquila enseguida se piensa que estoy enferma, y me hacen tragar píldoras y calmantes para el dolor de cabeza, me palpan el cuello y la sien para ver si tengo fiebre, me preguntan si estoy estreñida y me critican cuando estoy de mal humor, y ya no lo aguanto.

¿Invadirán Holanda?

3 de febrero de 1944.

En todo el país aumenta día a día el clima de invasión. ¿Los rescatarán los aliados? Ana piensa que si su amiga imaginaria, Kitty, estuviera con ella, seguro que le impresionarían los preparativos, igual que a ella misma, pero por otro lado se reiría de los refugiados de la casa por dar tanta importancia a un hecho que quizá no se produzca nunca, y en todo caso un hecho ante el cual los alemanes están bien preparados.

El ambiente en Amsterdam es de histerismo total. Los diarios no hacen más que escribir sobre la invasión y vuelven loca a la gente, publicando: «Si los ingleses llegan a desembarcar en Holanda, las autoridades alemanas harán todo lo posible para impedirlo, serían capaces de sacrificar el país, se habla de que llegado el momento lo inundarán si fuera necesario». Junto a esta noticia aparecen mapas en los que vienen indicadas las zonas inundables de Holanda. Como entre ellas figura gran parte de Amsterdam, lo primero que se preguntan los de la Casa de Atrás es qué hacer si las calles de la ciudad se llenan con un metro de agua. Las respuestas a esa difícil pregunta son de lo más variadas:

—Como será imposible ir andando o montar en bicicleta, tendremos que ir vadeando por el agua estancada —dice la señora Van Pels.

—Imposible —responde el dentista—, lo que hay que hacer es tratar de nadar, nos ponemos todos un gorro de baño y un bañador, y nadamos en lo posible bajo el agua, para que nadie se dé cuenta de que somos judíos.

—¡Pamplinas! —responde Van Pels—, ya quisiera ver nadando a las mujeres con las ratas mordiéndoles los pies.

—¡Ya veremos quién grita más cuando lo muerdan! —contesta Pfeffer.

El señor Frank interviene con aplomo:

—En ese caso ya no podremos abandonar la casa. El almacén se tambalea tanto que con una inundación así, sin duda se desplomará.

—Bueno, bueno, basta ya de bromas —dice asustada la señora Frank—, tendremos que hacernos con un barquito.

—¿Para qué? Tengo una idea mucho mejor —se oye por fin la voz de Peter—. Cada uno elige del desván de delante una caja de las de lactosa y un cucharón para remar.

Todos ríen.

—Pues yo iré en zancos —la tensión se relaja gracias a las bromas—, en mis años mozos era un campeón.

—A Jan Gies no le hacen falta, se sube a su mujer al hombro, y así Miep tendrá zancos propios.

De repente Ana se pone seria y dice:

—¿Qué hacemos si los alemanes deciden evacuar Amsterdam?

—Irnos con ellos, disfrazándonos lo mejor que podamos —aconseja Margot.

—¡De ninguna manera podremos salir a la calle! Nuestra única opción es quedarnos aquí escondidos. Los alemanes son capaces de llevarse a toda la población a Alemania, y una vez allí, dejar que se mueran —sentencia el señor Pfeffer.

—Es imposible que los alemanes se lleven consigo a toda la población cuando emprendan la retirada; no tienen suficientes trenes a su disposición —dice Otto.

—¿Trenes? ¿Se piensa usted que van a meter a los civiles en un tren? ¡De ninguna manera! El coche de San Fernando es lo único que les quedará —contesta Pfeffer.

—No creo nada de eso, lo ve usted todo demasiado negro. ¿Qué interés podrían tener los alemanes en llevarse a todos los civiles?

—¿Acaso no sabe lo que ha dicho Goebbels? «Si tenemos que dimitir, a nuestras espaldas cerraremos las puertas de todos los territorios ocupados.»

—Se han dicho tantas cosas...

—¿Se piensa usted que los alemanes son demasiado nobles o humanitarios como para no hacer una cosa así? Lo que piensan los alemanes es: «Si hemos de sucumbir, sucumbirán todos los que estén al alcance de nuestro poder».

—Quizá no sea más que una bravata.

—Siempre la misma historia, nadie quiere ver el peligro hasta que no lo siente en su propio pellejo.

—No sabe usted nada a ciencia cierta, señor Pfeffer, todo son meras suposiciones.

—Pero si ya lo hemos vivido todo en nuestras propias carnes, primero en Alemania y ahora aquí. ¿Y entonces en Rusia qué está pasando?

—Si dejamos fuera de consideración a los judíos, no creo que nadie sepa lo que está pasando en Rusia. Al igual que los alemanes, tanto los ingleses como los rusos exagerarán por hacer pura propaganda.

—Nada de eso, la radio inglesa siempre ha dicho la verdad. Y suponiendo que las noticias sean exageradas en un diez por ciento, los hechos siguen siendo horribles, porque no me va usted a negar que es un hecho que en Polonia y en Rusia están asesinando a millones de personas pacíficas o enviándolas a la cámara de gas, sin más ni más.

—Está claro que nos quedaremos aquí —da por resuelto Otto—. Esto es lo más seguro. Trataremos de convencer a Kleiman para que se instale aquí con su familia. Conseguiremos una bolsa de virutas de madera y así podremos dormir en el suelo. Llegado el momento, Miep y Kleiman pueden traer mantas. Encargaremos más cereales, aparte de los 30 kilos que tenemos. Pediremos a Jan que trate de conseguir más legumbres, nos quedan unos 30 kilos de judías y 20 kilos de guisantes. Sin contar las 20 latas de verdura.

—Mamá, ¿podrías contar los demás alimentos que aún nos quedan?

La señora Frank contesta:

—10 latas de pescado, 40 de leche, 10 kilos de leche en polvo, 3 botellas de aceite, 4 tarros (de los de conserva) con mantequilla, 4 tarros de carne, 2 damajuanas de fresas, 2 de frambuesas y grosellas, 20 de tomates, 5 kilos de avena en copos y 4 kilos de arroz. Eso es todo.

—Las existencias parecen suficientes —aprueba su marido—, pero si tienes en cuenta que con ellas también tenemos que alimentar a las visitas y que cada semana consumimos parte de ellas, no son tan enormes como parecen. Queda bastante carbón y leña, y velas también.

—Cosámonos todos unos bolsillos en la ropa, para que podamos llevarnos el dinero en caso de necesidad —propone Peter.

—Haremos listas de lo que haya que llevar primero si debemos huir.

—Cuando llegue el momento, pondremos dos vigías para que hagan guardia, uno en la buhardilla de delante y otro en la de atrás —tercia Pfeffer.

—¿Y qué hacemos con tantos alimentos, si luego no tenemos agua, gas ni electricidad? —apunta Ana sensatamente.

—En ese caso tendemos que usar la estufa para guisar. Aunque habrá que filtrar y hervir el agua. Limpiaremos unas palanganas grandes para conservar agua en ellas, además, nos quedan tres peroles para hacer conservas y una pileta para usar como depósito de agua. También tenemos unas diez arrobas de patatas de invierno en el cuarto de las especias.

Y los comentarios continúan. En realidad son así casi todos los días: que si habrá invasión, que si no habrá invasión... Discusiones sobre pasar hambre, morir, bombas, mangueras de incendio, sacos de dormir, carnés de judíos, gases tóxicos, etcétera, etcétera. Nada de esto resulta demasiado alentador.

El desván de la filosofía

Un domingo por la mañana, Ana se da cuenta (y reconoce que para su gran alegría) de que Peter la mira de una manera un tanto peculiar, muy distinta de la habitual... Enseguida piensa y se pregunta si mirará a todos con la misma tierna mirada: al fin y al cabo quizá sea pura imaginación suya pensar que esa mirada va dirigida solo a ella.

Pero la verdad es que los chicos cada vez pasan más tiempo juntos, conversan animadamente sobre muchas cosas, y les gusta retirarse a un rincón o al desván para que nadie les moleste. Unas cuantas veces al día se dirigen una mirada cómplice, él le guiña un ojo y los dos se ponen contentos. Parecerá una osadía creerlo, pero Ana tiene la irresistible sensación de que él tiene los mismos sentimientos que ella.

Ana aprovecha cualquier ocasión para subir al desván, ya que Peter es el encargado de subir y bajar las provisiones. Un día, Peter está de espaldas mirando por la ventana.

—Hola, Peter.

—Hola.

—¿Has visto qué cielo tan azul hay hoy? Me encanta subir a la buhardilla cuando hace un tiempo tan hermoso.

—Nunca me fijo en el cielo...

—A mí me atrae como un imán. La riqueza, la fama, todo se puede perder, pero la dicha en el corazón a lo sumo puede velarse y, siempre, mientras vivas, volverá a hacerte feliz. Inténtalo tú también, alguna vez que te sientas solo y desdichado o triste y estés en la buhardilla cuando haga un tiempo tan hermoso. No mires las casas ni los tejados, sino al cielo. Mientras puedas mirar al cielo sin temor, sabrás que eres puro por dentro y que, pase lo que pase, volverás a ser feliz.

—¿Tú crees de verdad que alguna vez volveremos a ser felices?

—Sí, estoy segura.

—Me acuerdo de aquellos tiempos mejores.

—Echamos de menos muchas cosas aquí, desde luego, y yo las echo de menos igual que tú, pero no pienses que estoy hablando de cosas exteriores, porque en ese sentido aquí realmente no nos falta de nada. No, me refiero a las cosas interiores. Yo, como tú, ansío tener un poco de aire y de libertad, tengo unos enormes deseos de... ¡de todo! Deseos de hablar, de ser libre, de ver a mis amigos, pero creo que nos han dado compensación de sobra por estas carencias.

Él se acerca más a Ana, no acaba de entenderla.

—Quiero decir, compensación por dentro —continúa ella—. Esta mañana, cuando estaba asomada a la ventana mirando hacia fuera, estaba mirando en realidad fija y profundamente a Dios y a la naturaleza y me sentí dichosa, simplemente dichosa.

—Me contaste que no hacías deporte excepto montar en bicicleta, y que lo que más te gustaba eran los libros...

—Sí, pero creo que el no haber podido salir al aire libre en todo este tiempo ha hecho que creciera en mí la afición por todo lo que tiene que ver con la naturaleza. Recuerdo perfectamente que un límpido cielo azul, el canto de los pájaros, el brillo de la luna o la lozanía de las flores no lograban antes captar por mucho tiempo mi atención. Ahora, todo es distinto.

—Pues yo todo lo que veo son tejados y escombros, y si levanto un poco más la vista, nubarrones amenazantes.

—Pero no es ninguna fantasía cuando digo que ver el cielo, las nubes, la luna y las estrellas me da paciencia y me tranquiliza. Es mucho mejor que la valeriana. La naturaleza me empequeñece y me prepara para recibir cualquier golpe con valentía.

—Yo no soy tan optimista. Mira el mundo, está patas arriba, a los más honestos se los llevan a los campos de concentración, a las cárceles y a las celdas solitarias, y la escoria gobierna a grandes y pequeños, pobres y ricos.

—Si la gente pensara más a menudo lo que está haciendo, se daría cuenta de muchas cosas y las haría mejor.

—La gente somos todos.

—Tienes razón, a veces pienso qué hermoso y bueno sería que todas las personas antes de cerrar los ojos para dormir pasáramos revista a todos los acontecimientos del día y analizáramos las cosas buenas y malas que hemos cometido. Sin darte casi cuenta, cada día intentarías mejorar y superarte desde el principio, y lo más probable es que al cabo de algún tiempo consiguieras bastante. Este método lo puede utilizar cualquiera, no cuesta nada y es de gran utilidad.

—Eso se llama examen de conciencia, y algunos cristianos lo hacen.

—Los cristianos tienen algunas costumbres muy sanas, entonces.

—Los cristianos están a salvo, mientras nosotros nos pudrimos aquí.

—No seas injusto, Peter, a veces me pongo a reflexionar sobre la vida que llevamos aquí, y entonces, por lo general, llego a la conclusión de que, en comparación con otros judíos que no están escondidos, vivimos como en un paraíso. De todos modos, algún día, cuando todo haya vuelto a la normalidad, me extrañaré de cómo nosotros, que en casa éramos tan pulcros y ordenados, hemos, por así decirlo, venido a menos por lo que se refiere a nuestro modo de vida, en el orden y en la pulcritud.

—Tú, Ana, piensas mucho, se ve que tienes tiempo para analizarlo todo, yo prefiero no darle vueltas a las cosas, así procuro ser feliz con lo que tengo. Fíjate en Muschi, él está ajeno a todo; por eso es feliz.

—¿Y tú crees que es feliz de verdad? Ganarse la felicidad implica trabajar para conseguirla, y hacer el bien y no especular sin sentido ni ser un holgazán. La holgazanería podrá parecer atractiva, pero la satisfacción solo la da el trabajo.

—Eso es pura filosofía, para ser feliz no hay que pensar, hay que ser simplemente bueno.

—No simplemente, yo intento portarme mejor; ya te he dicho que cada noche pienso lo que he hecho a lo largo del día. Yo tengo un lado más agradable, pero me da miedo demostrarlo, me da miedo que la gente se ría de mí, así que mi lado malo sale, y el bueno se queda dentro, y no hago más que intentar cambiar los lados.

—Para mí, tú ya eres buena. Por ejemplo, aunque ahora digas estas cosas tan serias, siempre estás contenta.

—Y doy gracias a Dios. Muchas cosas me han sido dadas al nacer: un carácter feliz, mucha alegría y fuerza, y lo reconozco. Cada día me siento crecer por dentro, siento cómo se acerca la liberación, lo bella que es la naturaleza, lo buenos que son quienes me rodean.

—¿Crees de verdad que la gente es buena? ¿No ves lo que está pasando a nuestro alrededor? ¿Por qué bondad crees que estamos aquí enterrados en vida?

—Es verdad que a los jóvenes nos resulta doblemente difícil conservar nuestras opiniones en unos tiempos en los que se destruye y se aplasta cualquier idealismo, en los que la gente deja ver su lado más desdeñable, en los que se duda de la verdad y de la justicia y de Dios, pero sigue habiendo gente muy buena. Mira a tu alrededor, aquí dentro, fuera, en Amsterdam, en el mundo.

—Eres admirable, yo ya no las tengo todas conmigo; sin embargo tengo esperanzas de salir de aquí contigo.

—¿No lo ves? Es un milagro que todavía no hayas renunciado a todas tus esperanzas, aunque te parezcan absurdas e irrealizables. Sin embargo, sigues aferrándote a ellas, pese a todo, porque sigues creyendo en la bondad interna de los hombres.

—Tienes razón, Ana, hablar contigo me remueve, mientras tanto tendré que mantener bien altos mis ideales; tal vez en los tiempos venideros aún se puedan llevar a la práctica...

Normandía y un disgusto

5 de junio de 1944. Nueve de la noche.

Se ha producido un cortocircuito en la casa, alarma general. Todo está oscuro. Para colmo, comienzan a escucharse tiros. Ana no ha perdido todavía el miedo a todo lo que sean metrallas o aviones y casi todas las noches se «refugia» en la cama de sus padres para que su padre la consuele. Parecerá muy infantil, pero Ana piensa en su amiga Hanneli: «¡si supieras lo horrible que es!».

A medida que las noticias del exterior van siendo peores, la radio con su voz maravillosa les ayuda a que no pierdan la esperanza. Parece decirles: «¡Adelante, ánimo, ya vendrán tiempos mejores!».

Cuando los escondidos llevan dos años viviendo en el refugio, llega la fabulosa noticia de que se ha producido un gran desembarco de tropas aliadas en las playas de Normandía. Todo son abrazos, risas, alegría. ¿Liberarán rápidamente los países ocupados de Europa? ¿Estará su propia liberación a la vuelta de la esquina?

—Papá, mamá, ¿qué es lo primero que haréis al llegar a casa?

Los ojos de la señora Frank brillan con una renovada juventud:

—Ir a algún sitio a tomar café, ya sé que suena a tontería, pero es lo que más me apetece.

—Yo iré a visitar a mis socios.

—¡Qué aburrido eres, papá! —dice Margot—. Yo me daré un baño de agua caliente hasta el cogote, durante por lo menos media hora.

—En eso estoy plenamente de acuerdo —se une el señor Van Pels.

—Yo me iría sin perder ni un minuto a comer pasteles, muchos pasteles —dice su señora.

—¿Señor Pfeffer?

—Desde luego, iría enseguida a ver a Charlotte, mi prometida.

—¿Y tú, Peter? ¿Dónde irías tú? —dice Ana mirándole fijamente a los ojos.

—Yo iría al centro y al cine —contesta, tímido y contento a la vez, de que Ana le haya mirado de esa forma.

—¿Y tú, Ana? ¿Qué harías? —le dice su hermana abrazándola por la cintura.

—Yo… yo, de tanta gloria no sabría por dónde empezar —dice esbozando una amplia sonrisa. Y luego, con ojos soñadores, añade: —Espero que pueda moverme libremente y que alguien me ayude a hacer los deberes, o sea, ¡volver al colegio!

De repente se oyen golpes en la puerta. Sobresalto general. Gracias a Dios, son los golpes convenidos. Peter abre el cerrojo y, con un ágil salto, Victor Kugler salva el gran escalón. Detrás de él aparece Miep Gies:

—Buenos días, creíamos que estaban ustedes de fiesta.

—Buenos días, señor Kugler —dice con una gran sonrisa en los labios la señora Van Pels.

Todos están radiantes.

—¿Han oído la noticia? —pregunta Kugler.

—¡Por supuesto! —y todos se felicitan.

Miep no está tan contenta. Kugler asiente, algo forzada la sonrisa.

—Kugler, ¿ocurre algo? —pregunta Otto.

—Bueno, en realidad no, pero podía haber ocurrido.

—No entiendo, explíquese Kugler —demanda serio el señor Pfeffer.

Todos miran con expectación.

—El propietario del edificio ha vendido la casa sin consultarnos ni a Kleiman ni a mí. Ayer se presentó el nuevo dueño para que le enseñáramos el edificio.

Los presentes se quedan unos momentos sin respiración. Recobrado, el señor Frank pregunta:

—Por el amor de Dios, Kugler, ¿qué ha pasado?

—Resulta que se presentó el nuevo dueño con un arquitecto para ver la finca, como he dicho. Kleiman les enseñó todo el edificio salvo donde están ustedes. Él quería entrar, pero Kleiman reaccionó rápidamente diciéndole que había olvidado la llave de la puerta de paso a este anexo. Al principio, el nuevo propietario insistió en verlo y le dijo que esperarían a que volviera con la llave. Luego, milagrosamente, se lo pensó mejor y dijo que no hacía falta, que otro día volvería.

—La Providencia ha hecho que el nuevo casero no insistiera —suspira Van Pels.

—De acuerdo, pero puede volver...

—En ese caso estamos perdidos —comenta Pfeffer.

Miep Gies les consuela:

—Está de viaje, posiblemente no vuelva en una buena temporada. Aquí, en Amsterdam no hay mucho negocio que hacer...

—Pero, ¿y si vuelve? —lloriquea la señora Van Pels.

—Si estamos superando todas las dificultades —resuelve el señor Frank—, seguiremos teniendo fe incluso ahora.

La guerra alrededor

Hoy es un día de mucho alboroto; los habitantes de la Casa de Atrás todavía están nerviosos. Ana se pregunta si es que pasa algún día sin sobresaltos.

Por la mañana, cuando estaban desayunando, sonó la primera alarma, pero no le hicieron mucho caso, porque solo significaba que había aviones sobrevolando la costa. Después de desayunar, Ana fue a tumbarse un rato en la cama porque le dolía mucho la cabeza, luego bajó a la oficina.

Eran alrededor de las dos de la tarde. De repente comenzaron a sonar los disparos y tuvieron que refugiarse en el pasillo. Ana tenía su bolsa para la huida bien apretada entre los brazos, más para tener algo a qué aferrarse que para huir realmente, porque de cualquier modo era absurdo: ¿dónde iban a huir? En caso extremo la calle implicaba el mismo riesgo de muerte que un bombardeo.

Después de media hora se oyeron menos aviones, pero dentro de la casa la actividad aumentó. Peter volvió de su atalaya en el desván. Pfeffer estaba en la oficina principal, la señora Van Pels se sentía más segura en el antiguo despacho del señor Frank, el señor Van Pels había observado la acción por la ventana de la buhardilla, y también los que habían esperado en el descansillo subieron para ver las columnas de humo que se elevaban en la zona del puerto. Al poco tiempo todo olía a cenizas y afuera parecía que hubiera una tupida bruma. A pesar de que un incendio de esa magnitud no es un espectáculo agradable, para los escondidos el peligro felizmente había pasado y todos volvieron a sus respectivas ocupaciones.

Al final de la tarde, otra alarma aérea, tiros, muchísimos aviones. «Dos veces en un mismo día es mucho», pensaron todos. Nuevamente cayeron bombas a raudales, esta vez al otro lado de la ciudad, en la zona del aeropuerto. Los aviones caían en picado, volvían a subir, había zumbidos en el aire, el ambiente era terrorífico. A cada momento Ana pensaba: «¡Ahora cae, ha llegado tu hora!». Cuando se fue a la cama a las nueve de la noche, todavía no podía tenerse en pie sin que le temblaran las piernas. A medianoche se despertó: ¡más aviones! Su compañero de habitación, el señor Pfeffer, se estaba desvistiendo, pero a ella no le importó: al primer tiro saltó de la cama totalmente despabilada. Hasta la una estuvo metida en la cama de sus padres; a las dos de la madrugada otra vez: los aviones volaban y seguían volando. A las dos y media, rendida, Ana se durmió.

El domingo, cuando aviones ingleses tiraron más de media tonelada de bombas sobre la ciudad, haciendo temblar las casas como la hierba al viento, la moral de los habitantes de Amsterdam estaba por los suelos, y las epidemias que se habían desatado estaban postrando a los pocos habitantes que quedaban indemnes.

La gente hacía cola para comprar verdura y otros artículos; los médicos no podían visitar a los enfermos porque cada dos por tres les robaban el vehículo; eran tantos los robos y asaltos que la misma gente se preguntaba cómo era posible que a los holandeses les hubiera dado ahora por robar tanto. Niños de ocho a once años rompían las ventanas de las casas y entraban a desvalijarlas. Nadie se atrevía a dejar su casa más de cinco minutos, porque desaparecían sus pertenencias. Todos los días se publicaban avisos en los periódicos ofreciendo recompensas por la devolución de enseres, máquinas de escribir robadas, alfombras persas, relojes eléctricos, telas, etc.

—Desarman todos los relojes eléctricos callejeros, y a los teléfonos de las cabinas no les dejan ni los cables. El ambiente entre la población es nefasto; todo el mundo tiene hambre, la ración semanal no alcanza ni para dos días, salvo en el caso del sucedáneo del café. Ya no podemos traer mucho más. Tendrán que conformarse con lo que haya en el mercado negro, y eso terminará pronto con sus ahorros.

—No se preocupe, Miep —la consuela Otto Frank—, haga lo que esté de su mano, nosotros nos apretaremos el cinturón y procuraremos ahorrar alimentos.

—Moriremos de hambre —se queja el señor Pfeffer.

—Usted precisamente no creo —le indica el señor Van Pels.

La invasión se hace esperar, a los hombres se los llevan a Alemania a trabajar, los niños caen enfermos o están desnutridos, todo el mundo tiene la ropa y los zapatos en mal estado. Los zapateros no aceptan clientes nuevos, o hay que esperar cuatro meses para que le arreglen a uno los zapatos.

El sabotaje contra el gobierno nazi aumenta a medida que la calidad de los alimentos empeora y las medidas contra la población se hacen más severas. El servicio de distribución, la policía, los funcionarios, todos cooperan para ayudar a sus conciudadanos, o bien los delatan para que vayan a parar a la cárcel. Por suerte, solo un pequeño porcentaje de la población holandesa colabora con el bando contrario.

—Con el frío que hace, la mayoría de la gente ya lleva casi un mes sin carbón. Sin embargo, los ánimos en general han vuelto a ser optimistas con respecto al frente ruso, que es formidable; están cerca de la Gobernación General y a orillas del Prut, en Rumanía —les cuenta el señor Kugler.

—Han llegado casi hasta Odesa y han sitiado Ternopol —abunda el señor Kleiman—, desde donde todas las noches esperan un comunicado extra de Stalin. En Moscú tiran tantas salvas de cañón que la ciudad se estremece a diario. Es la única manera que tienen de expresar su alegría.

La tensión sigue aumentando. No todos los holandeses que pertenecen al bando «bueno» siguen confiando en los ingleses. No todos consideran que el avance inglés, que tiene más de propagandístico que de otra cosa, sea una muestra de maestría; la gente quiere ver hechos reales, actos de grandeza y heroísmo.

—Nadie ve más allá de sus narices —dice Ana—, nadie piensa en que los ingleses luchan por ellos mismos y por su país; todo el mundo opina que los ingleses tienen la obligación de salvar a Holanda lo antes posible y de la mejor manera posible. ¿Pero quién ha impuesto esa obligación? ¿Qué han hecho los holandeses para merecer la generosa ayuda que tanto esperan que se les dé?

El señor Pfeffer la regaña:

—¿Tú qué haces hablando de política? Tú no entiendes nada, eres demasiado joven.

—A mí me parece que Ana tiene razón —señala Kleiman.

—Sí —apoya Kugler para fastidio de Pfeffer—, los ingleses, pese a toda su presunción no han perdido más honor que todos los otros países, grandes y pequeños, que ahora están ocupados por los alemanes. Los ingleses no van a presentar sus disculpas por haber dormido mientras Alemania se armaba, porque los demás países, los que limitan con Alemania, también dormían. Con la política del avestruz no se llega a ninguna parte, eso lo ha podido ver Inglaterra y lo ha visto el mundo entero, y ahora tienen que pagarlo caro, uno a uno.

—Estoy de acuerdo —aprueba Otto—. Ningún país va a sacrificar a sus hombres en vano, sobre todo si lo que está en juego son los intereses de otro país que no es el suyo propio, y tampoco Inglaterra lo hará. Todos están contra Hitler y existe un gran heroísmo, pero mezclado con pequeñas mezquindades entre los políticos.

Con gran pena e indignación por parte de los refugiados en la casa, se han enterado de que la actitud de alguna gente frente a los judíos ha dado un vuelco. Miep les ha dicho que hay brotes de antisemitismo. Este hecho ha afectado muchísimo a los escondidos, sobre todo si se tiene en cuenta que en círculos de la resistencia se murmura que los judíos alemanes emigrados en su momento a Holanda deberán volver a Alemania cuando ya no esté Hitler. Si esto es así, ¿no es lógico que Ana y los suyos se pregunten por qué se está librando esta guerra tan larga y difícil? ¿Acaso no se oye siempre que todos juntos luchan por la libertad, la verdad y la justicia? Y ya en plena lucha, empiezan a surgir opiniones de que los judíos «sobran».

No es oro todo...

El gran desembarco en Normandía no es la panacea que todos pensaban. La invasión parece haberse frenado, el ímpetu inicial se convierte en una lucha feroz, cuerpo a cuerpo en muchos casos. Pasan los días, las semanas, los progresos son lentos y penosos; las bajas cuantiosas. Los nazis endurecen las medidas represivas, y por supuesto ofrecen una resistencia inusitada. Todos saben que inexorablemente los alemanes han perdido la guerra, pero ¿cuándo se derrumbará el ejército alemán que lucha y retrocede también en Rusia? No es un consuelo pensar que todavía pueden quedar seis meses, un año, un año y medio... quién sabe, para el derrumbe final de Alemania, y para entonces pueden estar todos muertos.

La persecución se recrudece. A los numerosos amigos y conocidos judíos de los escondidos se los están llevando en grupos. La Gestapo no tiene la mínima consideración con ellos, los cargan en vagones de ganado y los envían a Westerbork, el gran campo de concentración para judíos en la provincia de Drente. No les dan casi de comer y menos de beber, solo hay agua una hora al día, y no hay más que unos pocos retretes y unos lavabos para varios miles de personas. En algunos campos, incluso, hombres, mujeres y niños duermen juntos y hasta a ellas les rapan la cabeza.

Mientras, la vida en la Casa de Atrás se hace cada vez más tediosa.

El ministro Bolkestein ha asegurado por la radio que después del conflicto se hará una recolección de diarios y cartas relativos a la guerra. Ana escucha muy interesada y da por supuesto que todos se abalanzarán sobre su diario. Ya se imagina lo interesante que sería editar una novela sobre «la Casa de Atrás»... ¡Qué título más acertado! La gente creerá que se trata de una novela de detectives. Luego, reflexionando más en serio, piensa que seguro que diez años después de que haya acabado la guerra resultará cómico leer cómo han «vivido, comido y hablado» ocho judíos escondidos.

El señor Pfeffer no acata las reglas del escondite. No solo escribe cartas a su prometida, sino que también mantiene una asidua correspondencia con otras personas. Las cartas se las da a Margot, «la profe de holandés de la Casa de Atrás» –como la llama Ana–, para que se las corrija. El señor Frank ha terminado por prohibirle terminantemente que siga con sus cartas. La tarea de Margot, pues, ha terminado, pero el señor Pfeffer no estará mucho tiempo sin escribir.

—Ana, no te preocupes, ya verás como muy pronto salimos de aquí.

—No lo sé, Peter, es cierto que a veces hablo de «después de la guerra», pero es como si hablara de un castillo en el aire, algo que nunca podrá ser realidad.

—Cuando salgamos de aquí viviremos una vida nueva.

—Ayer escribí en el diario: «La isla redonda en la que nos encontramos aún es segura, pero las nubes se van acercando, y el anillo que nos separa del peligro inminente se cierra cada vez más. Ya estamos tan rodeados de peligros y de oscuridad, que la desesperación por buscar una escapatoria nos hace tropezar unos con otros».

—Eso es muy pesimista; tú no eres así, siempre te he conocido alegre.

—Peter, ya no puedo dormir.

Ana empieza a sufrir pesadillas, tiene miedo de que llegue la hora de acostarse. Por las noches, en sueños, se ve en un calabozo, sin su padre ni su madre. Otras veces deambula por la carretera, o se quema la casa donde están escondidos, o les vienen a buscar de noche y ella se esconde debajo de la cama, desesperada. Lo ve con una nitidez pasmosa, como si lo estuviera viviendo en sus propias carnes y cuando se despierta no hay posible alivio: ve con horror que no es una simple pesadilla, sabe perfectamente que todo eso le puede suceder en cualquier momento.

—Eso que me cuentas es horrible —y la abraza.

—Por la noche, no puedo conciliar el sueño, miro al techo, luego me vuelvo hacia un lado, luego hacia el otro, luego boca abajo… Inútil, el pensamiento de la muerte lo envuelve todo, y esa pesadez se aferra a mí como si quisiera arrastrarme hasta los infiernos.

De día no es mucho mejor: Ana deambula por las habitaciones, bajando y subiendo las escaleras, y le da la sensación de ser un pájaro enjaulado al que le han arrancado las alas violentamente. Oye una voz dentro de ella que le grita: «¡Sal fuera, al aire, a reír!». Tantas veces ha pretendido contestar que ya ni lo hace. Se tumba en uno de los divanes y duerme para acortar el tiempo, el silencio, y también el miedo, que ya es como una segunda naturaleza que los atenaza a todos.

Además, las incomodidades materiales se hacen sentir más que nunca en la casa. Los Van Pels llevan todo el invierno durmiendo sobre una franela que no pueden lavar por el racionamiento del jabón en polvo; el señor Frank lleva los pantalones deshilachados y tiene la corbata toda desgastada; el corsé de la señora Frank se ha roto de puro viejo, y ya no se puede arreglar, mientras que Margot anda con ropa dos tallas más pequeña de la que necesitaría. Los señores Van Pels han compartido tres camisetas durante todo el invierno, y las de Ana son tan pequeñas que le cortan la respiración. Para colmo de males, los protectores ya no pueden proveerles de las cosas de siempre, ni en la misma cantidad de antes, pues las penurias de la guerra han hecho que la escasez de todos los artículos se deje sentir duramente, incluso para los que guardan algún dinero.

Así y todo, Miep Gies sigue yendo a verlos, parece un verdadero burro de carga, siempre llevando y trayendo cosas. Casi todos los días encuentra verdura en alguna parte y la trae en su bicicleta, en grandes bolsas colgadas del manillar.

También les trae todos los sábados libros de la biblioteca. Un libro es un tesoro para los encerrados. Una persona libre no sabe lo que significa un libro para alguien que no puede salir de su encierro. La única forma de escaparse es asomarse al exterior por la ventana de un relato, respirar aire puro a través de las páginas de una novela o vivir libre, a miles de millas, por medio de una historia. Incluso el estudio le dice a Ana que está viva y que hay esperanza, y a todos les pasa igual.

Para que su hija empiece con algo nuevo, su padre ha pedido a Kleiman una Biblia para jóvenes, con el fin de que Ana aprenda algunas cosas del Nuevo Testamento. La lectura, el estudio y la radio son, pues, la única distracción de los habitantes de la Casa de Atrás.

Y hay que decir que la quema de la basura también. Aunque ya va haciendo calor, tienen que encender la lumbre un día sí y otro no para quemar los desechos. No pueden usar los cubos porque eso despertaría las sospechas del mozo de almacén.

Anhelos

Finales de junio de 1944. Últimamente hace un tiempo maravilloso. Fuera todo está en sazón y Ana puede sentir la explosión de la vida en su más íntimo ser. Casi todas las mañanas sube al desván para purificar el aire viciado de sus pulmones.

Y allí estaba Peter, ordenando sus cosas. Ana se sentó en su rincón favorito. Los dos miraron el cielo azul, el castaño sin hojas con sus ramas llenas de gotitas resplandecientes, las gaviotas y demás pájaros que volaban por encima de sus cabezas y parecían de plata, y todo eso les conmovió y sobrecogió; tanto, que estuvieron un rato sin hablar. Peter estaba de pie, con la cabeza apoyada contra un grueso travesaño, y Ana seguía sentada. Respiraron el aire puro que se colaba por la ventana, y miraron hacia fuera. Un gran anhelo les embargó y sintieron que esa sensación era algo que no debía interrumpirse con palabras.

Pasado un rato, Peter volvió a sus quehaceres, se puso a cortar leña, y entonces Ana tuvo la certeza de que era un buen tipo. Desde el lugar donde se había instalado se puso a observarlo, vio cómo se esmeraba visiblemente para cortar bien la leña y mostrarle a ella su fuerza. Entonces Ana se incorporó y se asomó a la ventana abierta, y pudo ver gran parte de Amsterdam, y por encima de los tejados hasta el horizonte, que era de un color celeste tan claro que no se distinguía bien su línea, vio la libertad.

—Mientras exista este sol y este cielo tan despejado, y pueda yo verlo —interrumpió el silencio—, no podré estar triste.

Montar en bicicleta, bailar, silbar, mirar el mundo, sentirse joven, saber que es libre, eso es lo que anhela Ana, y sin embargo no puede dejar que los demás lo noten. ¿Qué pasaría si todos empezaran a lamentarse o pusieran caras largas? ¿Adónde irían a parar? A veces se pone a pensar: ¿no habrá nadie que pueda entenderla, que pueda ver más allá de esa ingratitud, más allá del ser o no ser judía, y ver en ella tan solo a esa chica de catorce años, que tiene una inmensa necesidad de divertirse un rato despreocupadamente? El llanto es capaz de proporcionar alivio, «pero tiene que haber alguien con quien llorar», decide.

La Naturaleza y Dios. Solo entonces, solo así siente uno que todo es como debe ser y que Dios quiere que los hombres sean felices. Sabe que toda pena tiene consuelo, en cualquier circunstancia.

Esta vez Peter no pronunció palabra.

—¡Sonríe!

—¿Por qué siempre quieres que sonría?

—Porque me gusta, es que se te forman hoyuelos en las mejillas. ¿De qué te saldrán?

—Son de nacimiento, también tengo uno en la barbilla. Son los únicos elementos de belleza que poseo.

—¡Qué va, eso no es verdad!

—Sí que lo es. Ya sé que no soy una chica guapa; nunca lo he sido y no lo seré nunca.

—Pues a mí no me parece que sea así. Eres guapa.

—No es verdad.

—Créetelo, te lo digo yo.

Después de cenar, Otto se acerca a su hija:

—Ana.

—Dime, papá.

—Ana, lo he estado pensando; creo que aquí, en la Casa de Atrás, lo vuestro no es conveniente; pensé que solo erais compañeros. ¿Peter está enamorado?

—¡Nada de eso!

—Mira, Ana, tú sabes que os comprendo muy bien, pero tienes que ser prudente; no subas tanto a su habitación. Fuera, al aire libre, es otra cosa totalmente distinta; ves a otros chicos y chicas, puedes marcharte cuando quieres, hacer deporte y demás; aquí, en cambio, cuando estáis mucho tiempo juntos y quieres marcharte, no puedes, te ves a todas horas, por no decir siempre. Ten cuidado, Ana, y no te lo tomes demasiado en serio.

—No, papá, pero Peter es decente, y es un buen chico.

—Sí, pero no es fuerte de carácter; se deja influenciar fácilmente hacia el lado bueno, pero también hacia el lado malo. Espero por él que siga siendo bueno cuando salgamos de aquí, porque lo es por naturaleza.

Un día desaparece Muschi, el gato. No lo encuentran por ningún sitio. Es un disgusto para los chicos. Pasada una semana, todos lo dan por perdido, piensan que seguramente ya estará en el cielo gatuno, que algún amante de los animales lo habrá usado para hacerse un sabroso guiso.

Amor contra odio

Un día, se estrelló un avión cerca de la casa. Cayó en un colegio, afortunadamente vacío. Los ocupantes se salvaron saltando a tiempo en paracaídas. Los alemanes dispararon a los aviadores mientras descendían en sus paracaídas, algo en contra de la Convención de Ginebra. La gente que asistió estupefacta al espectáculo soltaba bufidos de rabia por un acto tan cobarde.

—Un pez gordo alemán ha dicho en un discurso que para el 1 dc julio todos los judíos deberán haber abandonado los países germanos —dice de pronto Van Pels.

—¿Dónde has oído eso?

Del 1 de abril al 1 de mayo se hizo una purga de judíos en la provincia de Utrecht. Como si de cucarachas se tratara. Del 1 de mayo al 1 de junio, en las provincias de Holanda Septentrional y Holanda Meridional.

—Como si fueran ganado enfermo y abandonado, se llevan a esa pobre gente a sus inmundos mataderos. Pero será mejor no hablar de ello, porque de solo pensarlo me entran pesadillas —comenta Pfeffer.

El 20 de julio de 1944 Hitler sufre por enésima vez un atentado. Esta vez ha estado muy cerca del final. Su cuartel general ha saltado por los aires. En el último momento, el maletín situado a sus pies y que esconde la bomba, ha sido movido unos metros más allá por un oficial, salvando al dictador milagrosamente, mientras que otros altos mandos han muerto o han resultado gravemente heridos. Parece que un ángel, y no precisamente el de la guarda, ha vuelto a salvar a Hitler de una muerte segura.

—Sin duda es la mejor prueba de que muchos oficiales y generales están hartos de la guerra —dice el señor Van Pels cuando acaban de oír el parte de la BBC.

—Sí, y querrían que Hitler se fuera al otro barrio para luego fundar ellos una dictadura militar, firmar la paz con los aliados, armarse de nuevo y empezar una nueva guerra después de una veintena de años; la vieja historia de siempre —sentencia Fritz Pfeffer.

—¿Puedo pasar? —llama a la puerta el señor Pfeffer.

—Un momentito, señor Pfeffer, termino de vestirme.

Al entrar en su cuarto, el dentista mira a su compañera de habitación.

—Ana, estás congestionada.

—Bueno —sonríe ella—, a Margot y a mí se nos nota enseguida la temperatura que hace; cuando hace frío nos ponemos blancas, y cuando hace calor, coloradas.

—¿Enamorada? —le pregunta.

—¿Por qué habría de estarlo?

Su respuesta, o mejor dicho su pregunta, le parece bastante tonta.

—¿Por qué no? —dijo Pfeffer—. Precisamente ahora no hace calor.

—Déjeme en paz, y métase en sus asuntos —replica ella contrariada.

—Bueno, tú di lo que quieras —añade él con sorna—, pero a mí me parece que estás enamorada.

A pesar de sus protestas, Ana sabe que quizá su compañero de cuarto tenga razón. Le confía a Kitty que las dudas le asaltan, que quizás está enamorada; ella no puede saberlo, nunca le ha pasado algo semejante. Pero ¿y si eso que siente no es amor? ¿Y si solo fuera simpatía, la necesidad de intimar con alguien de edad parecida, en un sitio donde solo hay adultos? Se consuela pensando que ella es todavía pequeña. Duda en contarle a su padre sus nuevos sentimientos, y no sabe —en su inexperiencia— si su «secreto» debería llegar a oídos dc un tcrccro.

Cuando habla con Peter no menciona este asunto, pero le manifiesta otras dudas y sufrimientos. El chico, poco experto en la vida, se ha convertido en su paño de lágrimas.

—Ayer tuve el peor sueño de toda mi vida, solo de acordarme me estremezco.

—Cuéntamelo.

—Anoche, antes de dormirme, se me apareció de repente Hanneli, mi mejor amiga. La vi delante de mí, vestida con harapos, con el rostro demacrado. Tenía los ojos muy grandes y me miraba de manera tan triste y con tanto reproche, que en sus ojos pude leer: «Oh, Ana, ¿por qué me has abandonado? ¡Ayúdame a salir de este infierno!». Y yo no puedo ayudarla, Peter, solo puedo mirar cómo otras personas sufren y mueren, y estar de brazos cruzados, y solo puedo pedirle a Dios que nos la devuelva.

—Fue una pesadilla, Ana, nada más que una horrible pesadilla —la consuela.

—¡Ojalá pudiera ayudarla, Peter!, ¡Dios mío, cómo es posible que yo tenga aquí todo lo que se me antoja, y que el cruel destino a ella la trate tan mal! Era tan piadosa como yo o más. ¿Por qué fui yo elegida para vivir y ella tal vez haya tenido que morir? ¿Qué diferencia había entre nosotras?

—Ana, tú no tienes la culpa, además solo se trata de un sueño.

—¡Qué egoísta y cobarde soy! —continúa ella torturándose—. ¿Por qué sueño y pienso siempre en las peores cosas y quisiera ponerme a gritar de tanto miedo que tengo? Porque a pesar de todo no confío lo suficientemente en Dios. Él me ha dado tantas cosas que yo todavía no merecía, y pese a ello, sigo haciendo tantas cosas mal...

—¿De verdad crees que Dios se preocupa por ti?

—Por todos nosotros, Peter.

—Cuando uno se pone a pensar en sus semejantes, podría echarse a llorar; en realidad podría pasarse el día llorando —le dice Peter—. Por eso no merece la pena, nosotros no podemos hacer nada...

—Podemos hacer mucho, podemos rezar para que Dios quiera que ocurra un milagro y salve a algunos de ellos. ¡Espero estar rezando lo suficiente!

—¿De verdad crees que rezar sirve para algo?

—Sí, Peter, cuando rezo ya no lo hago por mí, rezo por todos los judíos y por toda esa pobre gente que sufre. Inténtalo tú también, aunque yo sé que no te tomas la religión en serio, inténtalo también tú.

Él la mira dulcemente, la abraza y le dice:

—Ana, yo también lo intento.

La sospecha

La vida de Ana ha vuelto a tener sentido, siente que ya hay algo en esta vida de qué alegrarse. Además, el objeto de su amistad se encuentra siempre a su lado y, salvo Margot —piensa ella—, no hay rivales que temer.

—Señor Frank, ¿puedo hablar con usted un momento a solas?

—Ha pasado algo, ¿verdad, señor Kluger? ¿Qué ha pasado? —dice la señora Frank asustada. Todos miran a Kugler.

—Si es algo que nos afecta a todos será mejor que lo escuchemos.

—Los chicos…

—Lo que se imaginen será peor que la realidad —le interrumpe Otto.

—Hay un tipo en el almacén, se llama Willem van Maaren, usted lo conoce. Un día vino a la oficina, cerró la puerta y me preguntó: «¿Sabe algo de su amigo, el señor Frank?». Le conté que se decía que estaba usted en Suiza, me dijo que él también lo había oído pero que quizá yo sabía algo más. No le presté mucha atención, traté de olvidarlo, pero ayer cuando salíamos los dos del almacén y me dirigía hacia la oficina miré hacia atrás y ahí estaba observando la estantería. Me miró y dijo: «Recuerdo que aquí había una puerta, ¿no había una puerta que llevaba al ático?». Y me pidió un aumento de sueldo, veinte florines más a la semana.

—¡Chantaje! —exclama Van Pels.

—Veinte florines es un chantaje muy modesto —le interrumpe bruscamente Otto Frank.

—Solo es el principio —insiste Van Pels.

—¿Sabe lo que pienso? —interviene Fritz Pfeffer—, que es el ladrón que vino la otra noche; sabe que estamos aquí.

—Continúe —se dirige Otto Frank a Kugler—. ¿Usted qué le dijo?

—Que tenía que pensarlo. Señor Frank, ¿qué debo hacer? ¿Pagarle lo que me ha pedido? ¿Despedirle? ¿O qué?

Se quedan en silencio. El señor Frank se lleva la mano a la barbilla, duda un momento y antes de poder decir nada interviene Fritz Pfeffer:

—Por lo que más quiera, no lo despida, pague lo que sea, que siga aquí, donde usted pueda vigilarle.

—¿Es mucho lo que ha pedido? Quiero decir… ¿Cuánto se está pagando a los trabajadores?

Kugler elude la pregunta.

—En realidad, no sé si lo sabe o no.

Otto Frank le mira fijamente y dice:

—Ofrézcale la mitad, así sabremos si se trata de un chantaje o no.

—Y si es chantaje, tendremos que pagar ¿no? Sea lo que sea, cualquier cantidad —y mira a los presentes pidiendo la aprobación con la vista.

—Eso lo decidiremos cuando llegue el momento.

—Señor Frank, quizá solo sean imaginaciones mías. Trataré de verle un día de estos y tantearle, todo el mundo sospecha de todo el mundo.

Y en medio de la nube, la tormenta. Esta vez, el asunto fue más complicado que la vez anterior. Serían las siete y media de la tarde cuando oyeron un gran estruendo, se quedaron quietos y en silencio, y cuando ya todo se calmó, el señor Van Pels y su hijo Peter se atrevieron a bajar a echar una ojeada, y vieron que la puerta de vidrio y la del despacho estaban abiertas.

En la oficina principal reinaba un tremendo desorden. Fueron hasta la puerta de entrada y examinaron la cerradura: era incomprensible, todo estaba cerrado. ¿Y si estaban todavía dentro? Subieron rápidamente, con las prisas Peter tiró una silla con gran estruendo, y pidieron a Dios que no hubiera nadie o al menos que no hubieran oído nada. Por la mañana, antes de que llegaran los obreros los hombres bajaron otra vez para examinar las cosas con más tranquilidad y descubrieron con estupor que ahora la puerta de entrada estaba abierta de par en par, y que del armario empotrado habían desaparecido el proyector y el maletín nuevo de Kugler.

—Por lo menos sabemos que al fin se han ido.

—Han cerrado la puerta.

—Gracias a Dios.

—Preferiría que nos encontraran, es insoportable estar así —se derrumba Van Pels.

Una vez arriba, las mujeres les miran inquisitivamente.

—Ya pasó, ya no hay nada que temer —dice Otto.

—¿Quién dice que el peligro ya pasó? —dice el doctor Pfeffer—. ¿No se dan cuenta de que es ahora cuando estamos en mayor peligro?

—Por favor, señor Pfeffer —ordena el señor Frank—, ¿quiere callarse?

—Gracias a este pequeño tonto —se dirige a Peter—, sabrán que estamos aquí. Seguro, alguien sabe ahora que estamos aquí escondidos —insiste Pfeffer.

—¡Es un ladrón! —le mira Auguste van Pels—. ¿Cree que un ladrón va a ir a la policía a decir «la otra noche estuve robando y oí ruidos en el piso de arriba»? ¿Cree que un ladrón va a hacer una cosa así?

—Sí —dice el señor Pfeffer—, eso es lo que creo, estoy seguro de que algún día atraparán a ese ladrón, y él hará un trato con la Gestapo. «Si me sueltan», les dirá, «les enseñaré un escondite de judíos.» Eso es lo que pienso.

—Es usted un...

—Tiene razón —le defiende Hermann van Pels.

—¿Hemos perdido la fe, el valor? Hace unos minutos creíamos que venían a por nosotros, pensábamos que era el fin, pero no lo ha sido. ¡Estamos vivos!

—La única explicación posible para toda esta historia —dice el señor van Pels—, es que el ladrón debe de tener una copia de la llave de la puerta, porque la cerradura no ha sido forzada en lo más mínimo.

Y todos se acuerdan de Van Maaren, el nuevo mozo de almacén, que sospecha que alguien vive escondido en el edificio de atrás. Y no es para menos, a una persona con un mínimo de inteligencia le tiene que llamar la atención la cantidad de veces que Miep dice que va al laboratorio, Bep al archivo y Kleiman al almacén de Opekta, y que Kugler sostenga que la Casa de Atrás no pertenece a esta parcela, sino que forma parte del edificio de al lado.

—Debe de haber estado dentro todo el tiempo —concluye Peter—, seguramente cerró la puerta tras de sí, papá lo interrumpió, el ladrón se escondió hasta que nos fuimos y luego se escapó llevándose el botín y dejando la puerta abierta con las prisas.

—Eso es horrible —apunta la madre de Peter—, eso significa que os ha visto.

—Pero no nos delatará, tendría que responder a muchas preguntas.

Los habitantes de la Casa de Atrás dan gracias a Dios porque al fin y al cabo ellos están seguros. Se han enterado por su amiga Miep de que la situación afuera empeora cada vez más, y no solo para los judíos.

—Los holandeses cristianos también empiezan a tener miedo —dice Miep—, pues se están llevando a sus hijos varones a Alemania a trabajar.

—¿Y las mujeres? ¿Y sus hijos pequeños? —pregunta Margot.

—Aquí se quedan, intentando sobrevivir día a día.

Los niños de Amsterdam andan por la calle vestidos con una camisa finita, los pies metidos en zuecos, sin abrigos, sin gorros, sin medias, y ya no hay nadie que pueda hacer nada por ellos. Tienen la panza vacía, pero van mordiendo una zanahoria que sus madres han arrancado a la miseria. Por las mañanas, para olvidarse de la triste realidad, los envían al colegio, ellos dejan sus frías casas y van andando por las calles aún más frías, hasta que llegan a las lúgubres escuelas, cuyas aulas están igualmente frías.

Todos se quedan callados. De pronto Margot dice:

—A veces me gustaría que ocurriera algo, cualquier cosa, fuese lo que fuese.

—¡Margot! —la reprende su madre.

Ana va hacia ella, se sienta a su lado y la abraza.

—Al menos sabríamos dónde estábamos, cuál era nuestra situación.

—Deberías avergonzarte, hablar así, de esa forma. No sabes la suerte que tenemos, piensa en los miles que mueren en la guerra cada día, piensa en los cientos de personas hacinadas en los campos de concentración...

—¿Y para qué sirve pensar en eso? —interviene el señor Van Pels—. ¿Para qué sirve pensar en la miseria si nosotros ya vivimos en la miseria? ¡Qué estupidez!

—Peter, Margot y yo somos jóvenes —dice Ana—, no es culpa nuestra que el mundo sea como es, nosotros no lo hemos inventado. No tiene nada que ver con nosotros.

Un gran susto

El estado de ánimo de los escondidos no mejora, no se ven más que caras descontentas y gruñonas, suspiros y quejas contenidas. Cada uno tiene que apañárselas para dominar sus propios ánimos; un día se ríen de su situación tan cómica de estar escondidos, y al otro día se les nota en la cara el temor, la angustia y la desesperación.

El señor Frank anda por la casa con los labios apretados. Cuando alguien lo llama se espanta un poco por miedo a que nuevamente lo necesiten para resolver algún asunto delicado. La señora Frank tiene las mejillas rojas de lo exaltada que está, Margot se queja de dolor de cabeza, Fritz Pfeffer continúa con sus excentricidades, Van Pels no puede dormir, su señora se pasa el día lamentándose, Peter esconde su sentimientos, y Ana no sabe dónde tiene la cabeza. Lo único que distrae a Ana es estudiar, así que se entrega al estudio.

Esa noche cuando están cenando vuelven a oír un ruido en la parte de abajo del edificio. Se quedan de piedra, inmóviles, detenido el bocado en la boca. Los ruidos se suceden y parecen acercarse, oyen pasos en la escalera y ya el miedo se convierte en terror, el corazón desbocado quiere salir del pecho, la sangre se les detiene en las venas. Apagan las luces y se quedan quietos como piedras.

—Nos han encontrado —susurra quejicosa la señora Van Pels.

Todos callan.

Abajo en la oficina se oyen ruidos metálicos y de muebles moviéndose. Luego unos golpes como de martillo, y otros ruidos confusos. Silencio. Más silencio. Nadie respira, completamente inmóviles. De repente se sobresaltan: son las campanadas del reloj de pared de la oficina de abajo. Breves instantes después, que se les antojan una eternidad, oyen pasos alejándose. Luego, nada.

Esperan todavía media hora antes de atreverse a moverse. Después deciden que lo mejor que pueden hacer es irse a acostar.

Pero nadie duerme.

Al día siguiente, el señor Kugler y Miep Gies llaman a la puerta. El señor Van Pels, sobresaltado al principio, reconoce después los cuatro golpes convenidos y descorre el cerrojo.

—Buenos días a todos.

—Hola, contestan al unísono —y se arremolinan alrededor de los visitantes.

—Os tengo que decir —habla Kugler—, que ayer tuvimos un visitante, nos robaron.

—¿Entraron ladrones?

—Un ladrón —contesta Miep—. Justo aquí abajo, en la oficina.

—Pensamos que era la policía que estaba haciendo un registro —dice el señor Van Pels.

—¿Está segura de que era un ladrón, Miep? —dice Edith Frank.

—Estarían ustedes callados, ¿verdad? —pregunta a su vez Victor Kugler.

—No nos movimos —asegura Otto Frank—, casi ni respiramos.

Victor Kugler les mira sonriente:

—Bueno, tranquilos, afortunadamente ya todo pasó, ha sido muy peligroso. Tengan en cuenta que todos los días hay robos, asesinatos y asaltos; los policías y vigilantes nocturnos no se quedan atrás en las fechorías con respecto a los ladrones profesionales.

—El ladrón abrió la puerta de la calle con una palanca de hierro —continúa Miep como si no hubiera oído esto último— y forzó la del almacén; luego subió hasta la oficina, justo debajo de ustedes.

—¿Se han llevado algo? —pregunta el señor Pfeffer.

—Las dos cajas que teníamos escondidas en la caja fuerte con cuarenta florines y los talonarios en blanco de la caja postal y del banco —contesta Miep.

—Y lo peor de todo —termina Kugler— es que se ha llevado todos los cupones de racionamiento de azúcar, en total 150 kilos. Ya no será fácil conseguir nuevos cupones. Como a sus proveedores de cupones se los han llevado los alemanes, ya no pueden disponer de su ayuda, solo les quedan cinco cartillas de racionamiento.

—¿Y se sabe quién ha podido ser?

—No, pero es muy sospechoso que encontrara las cajas tan rápidamente, de hecho parece que fue directamente hasta ellas.

Lo único positivo de este percance es que las propias tribulaciones de los escondidos han pasado a un segundo plano.

Unos días después ocurre un pequeño desastre. En casa de Bep y Kleiman hay difteria, y se ven obligados a evitar el contacto con sus protegidos durante seis semanas. Resulta muy molesto, tanto para la comida como para los recados, sin mencionar la falta que les hace su compañía. La hora de la comida se presenta siempre muy triste.

—Una y otra vez me pregunto si no habría sido mejor para todos que en lugar de escondernos ya estuviéramos muertos y no tuviéramos que pasar por esta pesadilla —dice lúgubremente el señor Pfeffer.

Todos callan consternados.

—Señor Pfeffer —le dice amablemente la señora Frank—, mientras hay vida hay esperanza.

El dentista la mira con agradecimiento.

El ambiente en el encierro se enrarece cada vez más. Viven angustiados día tras día, angustiados tanto por la espera y la esperanza como por el miedo cuando se oyen ruidos dentro o fuera de la casa, o cuando suenan los terribles disparos que martillean sus cabezas sin cesar.

Llega el amor

Ana confía a su diario su más íntimo secreto: siempre que sube al desván es con intención de verlo a él. «¡Qué mirada tan cálida tiene ese chico!», piensa, y luego le parece que definitivamente se ha enamorado.

Los chicos aprovechan cualquier ocasión para estar juntos y hablar sin que nadie les moleste. Como Peter es el encargado de subir las provisiones al desván e ir a por ellas a medida que se necesitan, Ana le sigue frecuentemente, y una vez allí se sitúa frente a la ventana que le abre al cielo intensamente azul de Amsterdam. Enseguida comienzan a hablar.

—¿Para qué diablos sirve la guerra, por qué los hombres no pueden vivir pacíficamente, por qué tienen que destruirlo todo?

—Hasta el momento nadie ha sabido formular una respuesta satisfactoria —contesta el chico.

—¿Por qué se destinan a diario miles de millones a la guerra y no se reserva ni un céntimo para la medicina, los artistas y los pobres? ¡Dios mío!, ¿por qué el hombre es tan estúpido?

—Es que hay en el hombre un afán de destruir, un afán de matar, de asesinar y ser una fiera…, y todo lo que se ha construido, cultivado y desarrollado hasta ahora quedará truncado y destruido... para luego volver a empezar.

Callan un rato. Luego Peter suspira:

—Esta guerra nunca va a terminar, ahora le toca a Hungría.

Hungría ha sido ocupada por las tropas alemanas. Allí todavía vive un millón de judíos. Efectivamente, cuando todo parece ir tomando un cariz irreversible para los alemanes, estos —como monstruo de diez cabezas— resurgen con más violencia, provocando, todavía, inesperados sufrimientos a la población europea.

—Van a movilizar a las mujeres —continúa Peter.

—Las mujeres son soldados mucho más valientes y heroicos en la vida diaria, que combaten y padecen innumerables dolores para preservar a la Humanidad.

—Quizás eso es verdad.

—Claro que es verdad, a los únicos que podemos condenar es a los hombres y a todo el orden mundial, que nunca quieren darse cuenta del importante, difícil y a la vez bello papel que desempeña la mujer en la sociedad.

—Pero la mujer es vanidosa...

—Yo, y tú y todos. Cuando me pongo a pensar en la vida que llevaba antes, Peter, todo me parece tan irreal... Esa vida de gloria la vivía una Ana Frank muy distinta de la que está aquí ahora contigo. Una vida de falsa gloria, eso es lo que era mi vida.

—Siempre que te veía, estabas rodeada de dos o más chicos y un grupo de chicas; te reías y eras el centro de atención, la favorita de los profesores, consentida por tus padres, golosinas, dinero suficiente... ¿Qué más podías pedir?

—Mucho más, Peter. Ahora veo a esa Ana Frank como a una niña graciosa, divertida, sí, pero superficial, que no tiene nada que ver conmigo.

—Pues a mí ahora me pareces maravillosa.

Se quedan callados unos interminables instantes. De pronto, Ana suelta:

—¿Sabes que he tenido un sueño?

Y se sienta en un cajón. Peter la mira con curiosidad.

—Esta mañana me desperté a eso de las siete y todavía tenía el sueño clarísimo: estaba sentada en una silla, y frente a mí estaba sentado Peter Schiff.

—¿Y ese quién es?

—Un amigo de la infancia. Estábamos hojeando un libro ilustrado por Mary Bos. Mi sueño era tan nítido que aún recuerdo en parte las ilustraciones. Pero aquello no era todo...

De repente, Peter comprende, intuye algo, su mirada se cruza con la suya, y ella no puede evitar detenerse durante algún tiempo a mirar esos hermosos ojos de color pardo aterciopelado, antes de continuar:

—Durante todo un verano fuimos inseparables. En mis pensamientos aún nos veo cogidos de la mano, caminando por la Zuider Amstelaan, él con su traje de algodón blanco y yo con un vestido corto de verano. Tenía el pelo oscuro.

—¡Qué tierno! —se desilusiona Peter poniendo los ojos en blanco.

—Entonces —sigue Ana como si no lo hubiera oído— su cara era la tuya, Peter, y él, o sea, tú, me decía sin palabras cuánto me amaba. En ese momento me desperté, mientras seguía sintiendo su mejilla, o sea, la tuya, contra la mía y sus ojos, tus ojos, mirándome en lo más profundo de mi corazón, tan profundamente que podías leer allí dentro cuánto te había amado y cuánto seguía amándote.

Entonces, Peter le dice susurrando:

—De haberlo sabido, habría ido a tu encuentro mucho antes.

Ana se vuelve bruscamente, porque siente una emoción demasiado grande. Los ojos se le vuelven a llenar de lágrimas. Peter Schiff y Peter van Pels se han fundido en un único Peter, que es bueno y bondadoso y a quien quiere con toda su alma.

—¡Ana! ¡Peter! ¡A cenar! —se oye desde abajo.

El tendero de la esquina ha sido enviado a un campo de concentración, le han detenido por esconder a dos judíos en su casa. Los habitantes de la Casa de Atrás están con la moral por los suelos; ni siquiera el señor Frank consigue levantarles los ánimos.

Peter, que no muestra mucho sus sentimientos y pensamientos más profundos, está a punto de explotar:

—Creo que si no ocurre algo pronto, si no salimos de aquí, no podré soportarlo.

—Ojalá fueras religioso, Peter.

—No, gracias, no es lo mío.

—No me refiero a tener que ser ortodoxo, hablo en general, de una fe, algo que te sostenga. Cuando pienso en todo lo que hay ahí fuera, los árboles y las flores, las gaviotas y las nubes; cada vez que pienso en tu fortaleza y en la bondad de la gente que conocemos, como el señor Kugler y Miep, o el tendero, todos los que arriesgan su vida por nosotros cada día; cuando pienso en todas esas cosas buenas, dejo de tener miedo, y sé que Dios está conmigo.

—Vámonos abajo, Ana, nos están esperando.

¡Descubiertos!

El viernes 4 de agosto de 1944, muy de mañana, alguien llama a la Sicherheitsdienst, la policía alemana. En la casa de delante el personal administrativo se encuentra trabajando en la primera planta cuando, en el refugio, los escondidos realizan sus tareas como siempre, con discreción. De pronto, una sirena penetrante corta el silencio de la mañana, ellos levantan la vista y comprenden, se miran con compasión, se resignan. El momento se congela.

La sirena va subiendo de tono y de volumen, todas tienen algo que inquieta, pero esta es distinta, esta paraliza, presagia la inmediata desgracia. El chirrido de un coche frenando bruscamente les devuelve a la realidad. Un oficial de la SS y tres policías nazis holandeses bajan rápidamente. Portazos, pasos apresurados, golpes en la puerta del edificio que penetran en los oídos de los escondidos como puñales afilados y llenos de ponzoña. Cuando les abren, entran intempestivamente y se dirigen en línea recta a las oficinas. Un hombre de baja estatura empuña una pistola y encañona al mozo de almacén Willem Van Maaren que, sin pronunciar palabra, señala al techo con la mirada.

Luego se dirige a Miep:

—Quédese sentada y no se mueva.

Victor Kugler oye ruidos desde la oficina contigua y sale a ver qué sucede: ve a los cuatro agentes de policía, uno de los cuales viste el uniforme de la Gestapo. Uno de los hombres también le apunta a él ordenándole:

—¡Adelante!

Todo ocurre muy rápido. Se dirigen a la estantería giratoria y la abren. Con las pistolas desenfundadas, los policías entran en la Casa de Atrás. ¿Quién ha delatado a los escondidos?

Mientras, el señor Frank está arriba, en el cuartito de Peter van Pels, ayudándole a hacer los deberes. Todos procuran guardar silencio. Le está señalando un error en el dictado que acaban de hacer, cuando de repente se oye un ruido extraño. Alguien se lanza escaleras arriba, los peldaños crujen. El señor Frank se ha quedado helado y se incorpora rápidamente, pero no le da tiempo a componer la postura porque se ha abierto la puerta brutalmente. Ante ellos se yergue un hombre con una pistola en la mano, apuntándoles.

Cuando Peter y Otto llegan abajo, ya están todos reunidos. Su mujer, las niñas, los Van Pels y Fritz Pfeffer se encuentran allí con las manos en alto.

—¿Tienen dinero? ¿Cosas de valor?

—Hay una caja fuerte en el armario —dice Otto.

—¡Búscala! —indica a un hombre—. ¿Qué hay aquí? —dice el teniente coronel Silberbauer, y agarra el maletín donde Ana guarda los papeles de sus diarios, lo abre y lo sacude para vaciarlo. Los papeles caen al suelo.

—¡Prepárense, pueden llevarse sus cosas, tienen cinco minutos!

Tristemente entran en las habitaciones y recogen sus pocas pertenencias. Edith mira a su marido, quien solo puede responder:

—Durante dos años y medio hemos vivido en el terror, ahora vivimos en la esperanza.

Bajan muy lentamente las escaleras, junto con Victor Kugler y Johannes Kleiman, sus encubridores, igualmente detenidos. Abren la puerta del edificio y se encuentran de repente en la calle. La luz y el aire fresco les golpean en el rostro, luego son obligados a subir a una furgoneta.

Los escondidos y los dos hombres que los han protegido son conducidos a la cárcel situada en un barrio cercano. Los encierran en un gran recinto junto con otros detenidos y luego los interrogan uno por uno. Los policías intentan averiguar si saben de otras direcciones donde pueda haber gente escondida. Johannes Kleiman y Victor Kugler callan. Otto Frank responde a la pregunta diciendo que los veinticinco meses que estuvieron encerrados en el refugio les han hecho perder todo contacto con sus amigos y conocidos y que, por lo tanto, no saben nada.

Finalmente, los protectores son trasladados al establecimiento penitenciario para no judíos de la calle cercana a la fábrica, mientras que a los demás los conducen a una cárcel a las afueras de la ciudad.

Miep Gies y Bep Voskuijl se quedan en la fábrica; a ellas no les han hecho nada. Suben desoladas a los dormitorios de los Frank, donde ven los papeles de los diarios de Ana tirados por el suelo.

—¡A recoger! —dice Miep con la voz entrecortada, Bep se ha quedado paralizada mirando.

—¡A recoger, a recoger y a llevárnoslo todo! —insiste.

Se agachan y van recogiendo todo entre sollozos apenas contenidos, es más su pena que el miedo de lo que les pueda ocurrir.

—¿Dónde se los han llevado, Miep?

—Al cuartel general de la Gestapo.

—¿Y luego?

Miep no contesta.

Recogen todo lo mejor que pueden. Bajan a las oficinas y una vez allí se quedan esperando sin saber exactamente el qué.

—¿Qué hacemos con los papeles, Bep?

—Tú eres la mayor, Miep, mejor guárdalos tú.

¡Westerbork!

Unos días más tarde, después de muchos interrogatorios, el 8 de agosto de 1944, a primera hora de la mañana, obligan a los ocho escondidos y a otros prisioneros a abandonar sus celdas.

—¿Puedo preguntar dónde vamos? —dice Otto Frank.

—Por de pronto a dar una vuelta en tranvía —contesta riendo uno de los policías.

Se miran sorprendidos, pero Ana está contenta, va a dar una vuelta por Amsterdam, va a poder ver las casas, la gente, la vida de las personas libres. Efectivamente, los llevan en tranvía a la estación central del ferrocarril, donde los espera un tren corriente de pasajeros. El tren transportará a los prisioneros al campo de tránsito de Westerbork, en el norte de Holanda.

Viajan en un vagón de pasajeros. Las puertas están cerradas desde el exterior, pero eso no les importa; todos tratan de respirar el chorro de aire que entra por las rendijas. Ana tiene más suerte, se ha situado al lado de la ventanilla y no se ha separado de ella en ningún momento. Es verano. Fuera se ven los pastizales y los amarillos campos de cereales recién segados. Los poblados pasan volando. Los cables del teléfono describen líneas sinuosas ascendentes y descendentes a lo largo de la ventanilla. Para los pocos privilegiados que pueden mirar a través de la breve rendija todo lo que ven es sinónimo de libertad.

Ya han llegado.

—Bienvenidos a la Jerusalén holandesa, la oficina del censo está al fondo de la avenida principal. Aquí todos somos judíos. Si seguís las normas no estaréis tan mal, procurad solamente no acabar en los barracones S.

—¿Qué es eso? —pregunta Ana a un hombre cabizbajo que no levanta los ojos del suelo.

—Los barracones de castigo.

—¿Nombre? —les interrumpe un funcionario.

—Frank, Otto Frank.

—Frank, Frank… barracones S.

—Me gustaría solicitar que se destine a mis hijas a las cocinas.

—No hay privilegios para los criminales de los barracones S.

—¿Puedo preguntar de qué crimen se nos acusa?

—De no presentarse al ser llamados. ¡Siguiente!

—Pero… nosotros no somos criminales… ¿Podría…?

—¡Siguiente!

Los hombres y las mujeres son separados en barracones distintos. No pueden conservar sus atuendos personales. Otto Frank, Fritz Pfeffer, Hermann van Pels y su hijo Peter seguirán juntos.

Los prisioneros tienen que hacer trabajos muy duros, como cavar zanjas. Peter tiene suerte: le asignan un puesto en la estafeta de correos del campo. Los guardias y los no judíos están autorizados a recibir correo. De este modo, Peter consigue a veces algo de comida extra.

Las mujeres están destinadas a otros trabajos «más cualificados»: tienen que desarmar pilas usadas. Las abren con un escoplo y un martillo y luego tiran el alquitrán en un canasto y la barra de carbono en otro. Las tapitas metálicas se desatornillan y van a parar a un tercer cesto. Es un trabajo sucio e insalubre, pero al menos las prisioneras pueden hablar entre sí y se consuelan con los rumores que circulan sobre los aliados.

Si bien en el campo todos tienen que trabajar, por las noches disponen de algún tiempo libre y pueden pasarlo juntos. Sobre todo para las niñas esto supone un cierto alivio, pues la sensación de encierro se suaviza por un tiempo.

—No nos harán nada —susurra la señora Van Pels mientras manipula una gran pila con unas tenazas—, he oído a una mujer decir que los aliados han tomado París y se dirigen hacia Bélgica.

—¿Y cómo podemos saber que eso es verdad? —interviene otra mujer que está sentada frente a ella en la gran mesa de trabajo.

—Cada día hay rumores distintos, al final no se sabe…

—¡Callaos! —grita una de las vigilantes judías, que se pasea con un palo en la mano—. ¡A trabajar!

—Dicen que no ha habido ningún transporte en los últimos dos meses. Eso significa que solo tenemos que esperar a que nos liberen; mientras sigamos trabajando todo irá bien.

Una mañana, andando por el barrizal del campo, Ana encuentra el barracón donde encierran a los niños durante el día de trabajo. Allí se ha improvisado un colegio. Ana no lo duda, entra y se queda un rato, arriesgándose a que la echen de menos en su barracón de trabajo. Les cuenta un cuento inventado por ella; su vena de literata aflora en dulces palabras que cautivan a los pequeños.

—Gracias, Ana, les ha encantado tu cuento —agradece la profesora.

—Me voy, pues ya se habrán dado cuenta de que no estoy dónde debiera.

—¿Y qué vas a hacer? ¿Qué vas a decir?

—Diré que he estado indispuesta en las letrinas. ¿Puedo volver algún otro día?

—¡Sí, sí! —gritan al unísono los niños.

—No sé... es peligroso —duda la mujer.

—Pero usted puede hablar con alguien del campo.

—Bueno, lo intentaré, ahora no tienen padres que les puedan contar cuentos, así que tu presencia les llevará un poco de alegría.

La sonrisa de los despreocupados niños despidiéndose de ella se le quedará a Ana grabada el resto de sus días. No volverá.

—¡Atención! Mañana saldrá un transporte de este campo.

El terror se apodera de todos los formados ante el capitán de las SS.

—Mañana temprano formarán ustedes en este mismo lugar, todos, incluidos los niños.

Desde Westerbork parten regularmente trenes con destino desconocido, solo se sabe que van en dirección al Este.

Nadie duerme esa noche. Algunos lloran, a otros se les oye rezar en voz baja, los más se dan la vuelta hacia la pared para que nadie les vea. Al día siguiente, el sábado 2 de septiembre de 1944, se da a conocer la lista de los prisioneros. Los nombres de los ocho escondidos están en la lista.

—¡Según les vayan nombrando darán un paso al frente!

Recogerán sus pertenencias y esta noche a las nueve se presentarán aquí mismo para ser llevados a otro campo.

—No tiene sentido —dice el señor Pfeffer mientras forman delante de la puerta del campo—, todo el mundo puede darse cuenta de que los alemanes están perdiendo la guerra, ¿qué les podemos importar nosotros?

Tres horas después, agotados ya de esperar de pie, oyen en la lejanía el silbato del tren que les va a llevar a un destino incierto y desconocido.

—¡Adelante! ¡Todo el mundo al tren en fila de a dos!

La muchedumbre arranca pesadamente, casi en silencio. Casi, porque los niños todavía juegan a pesar del cansancio, y preguntan que a dónde van.

—Nada tiene sentido, señor Pfeffer —le dice Otto Frank, mirándole con cariño—, pero lo importante es que estemos juntos, lo demás ya da igual —y le coge por el hombro.

Es la madrugada del 3 de septiembre de 1944. El largo tren de carga engulle a sus pasajeros. Suben como ovejas camino de un redil infernal, sin esperanza, sin una idea clara de lo que les va a ocurrir. Se dejan llevar, ya nada importa. Se cierran las puertas, no hay luz, no hay ventanas, apenas un respiradero por donde entra el viento, y como una serpiente ahíta se pone pesadamente en movimiento.

En total son 1.019 prisioneros. En cada vagón viajan más de setenta personas amontonadas: hombres, mujeres y niños, jóvenes y ancianos, sanos y enfermos. La mayoría viajará de pie. El que está al lado del hueco se hiela, los demás sufren el insoportable calor y un rato más tarde empiezan a congestionarse. Falta el aire, huele a sudor, la gente tose, alguno allá se queja, otro aquí solloza, ya no hay pudor, los hombres lloran. Las mujeres abrazan fuertemente a sus hijos, enteras, con la boca apretada en un rictus duro hacia el mundo y blando cuando miran a sus hijos. Con el traqueteo muchos se duermen, otros están como desmayados, alguno más tiembla de terror, alguien vomita, los niños comienzan a llorar, a otros la naturaleza les demanda…

Como se lleva al ganado al matadero, así el hombre actúa con sus semejantes. ¿De dónde ha salido tanta maldad?

El trayecto en tren dura tres días. En cada vagón hay un cubo que hace las veces de retrete. Finalmente, después de un terrible viaje, el vaivén del tren se hace más lento y se detiene. Ha llegado, por fin, a su destino. Son alrededor de las dos de la madrugada. Las puertas de los vagones se abren. Un gran letrero a la entrada del campo reza: «El trabajo hace libre». Están en el temido Auschwitz-Birkenau, en Polonia.

—¡Bájense! ¡Rápido, más rápido! —les gritan unos hombres vestidos con trajes a rayas, que los obligan a dejar sus equipajes a bordo del tren. Son prisioneros de Auschwitz, cuya tarea consiste en sacar de los trenes a la gente a medida que va llegando. En el andén patrullan soldados de las SS con perros. Llevan látigos en la mano. Unos reflectores muy potentes iluminan los andenes.

Auschwitz

En el andén de Auschwitz-Birkenau, nada más llegar de Westerbork, los hombres son separados de las mujeres. El drama es inmenso, se arrancan los últimos vínculos que quedaban: los maridos de sus mujeres, los hijos de sus padres. Se forman filas separadas. Otto Frank mira a su mujer y a sus hijas como si fuera la última vez. La mirada de Margot se le quedará grabada para siempre.

Los niños, los ancianos y los enfermos van a parar a un lado, los demás prisioneros, al otro. Médicos nazis a la cabeza de las formaciones de hombres y de mujeres, escrutan a cada uno de los prisioneros, los dividen en dos grupos: a la derecha los que según ellos todavía pueden trabajar, a la izquierda los que no. Estos últimos se unen a los niños y los enfermos, que son enviados directamente a la cámara de gas.

Hermann van Pels no pasa la primera selección. Otto Frank nunca olvidará el día en que Peter van Pels —que tenía entonces diecisiete años— y él vieron pasar a un grupo de hombres seleccionados, entre ellos al padre de Peter. El grupo se alejó marchando detrás de unos soldados. Dos horas más tarde regresó un camión cargado con sus ropas.

Los demás se salvan, ya que pueden realizar trabajos pesados.

Antes de entrar en los barracones la gente desfila por una gran nave. Allí deben dejar gafas, pulseras, anillos y relojes en unas inmensas cajas destinadas al efecto.

Despojados de sus ropas, la humillación llega al límite para las mujeres cuando son rapadas sin miramientos. Antes de vestirse las horribles ropas a rayas los prisioneros son marcados con tinta indeleble en los antebrazos con un número siniestro.

Tras la selección, Edith, Margot y Ana Frank permanecen juntas en el mismo barracón. Auguste van Pels va a parar probablemente a otro sector del campo. Durante el día, los prisioneros tienen que trabajar cargando piedras o cavando la tierra. A veces los obligan a quedarse horas enteras en formación, para contarlos.

La vida en el campo de concentración es monótona. Los prisioneros se levantan a las cinco de la mañana y tienen que formar inmediatamente a la intemperie, sin moverse, hasta que se pasa lista y el último prisionero es nombrado. Inmediatamente los forman en fila y les dan un cazo de sopa con algún rastro de verdura y un mendrugo de pan. Seguidamente van a trabajar a cavar trincheras hasta las 12 del mediodía, hora en la que paran veinte minutos para comer: otro cazo de sopa, esta vez más espesa, de legumbres, con otro trozo de pan. Inmediatamente después de comer, y sin descanso, se reanuda el trabajo hasta que cae la noche. Entonces se dirigen a los barracones, derrengados, destruidos, donde prueban alguna patata podrida con alguna cebolla cruda. Seguidamente se apagan las luces. Así todos los días, todas las semanas, todos los meses, todos los años…

Cada día se procede a seleccionar prisioneros. Los que están demasiado enfermos o debilitados desaparecen.

Al poco tiempo de comenzar este régimen de vida, Fritz Pfeffer ya no es capaz de trabajar. Cae sin fuerzas al suelo y llaman al médico, este hace una señal al sargento y se lo llevan. Lo acuestan en un jergón de una especie de hospital, pero extrañamente —piensa él— no le dan ninguna medicina. Al día siguiente, cuando todos van a trabajar, él y los que el día anterior habían caído también enfermos son llevados a la cámara de gas.

Por su parte, Ana sigue la misma vida de trabajo duro, se acabaron los privilegios y los «trabajos cualificados»; ellas también tienen que cavar. Un día llega una camioneta hasta donde están las mujeres, estas apenas levantan la cabeza.

—¡Alineaos! Aquellas que seleccionemos irán a otro campo de trabajo para fabricar municiones, necesitamos mujeres capaces, que puedan mover sus manos con destreza.

A esta voz la esperanza vuelve por un momento a las prisioneras; eso significa que podrían acabarse los duros trabajos. Hay que formar rápidamente y poner la mejor pose posible, intentando estirarse y parecer en forma. Si es necesario habrá que forzar la sonrisa y mirar a los ojos al médico que las inspecciona. Este no habla, solo hace un gesto con el dedo índice, y la mujer seleccionada se escabulle gozosa detrás de las filas yendo con las demás elegidas. Edith y Margot son seleccionadas. Ana también es escogida, pero en el último momento el médico se da cuenta de que tiene sarna y la devuelve a su sitio.

—Yo me quedo —dice Edith al vigilante—, por favor, es solo una niña, yo soy su madre.

El hombre duda, la mira y finalmente se compadece; hace un gesto a la madre con la cabeza para que vuelva a la fila.

—¡Yo también tengo sarna! —exclama Margot, y muestra el cuello con la esperanza de que la crean.

—Vuelve tú también —dice roncamente el otro.

No lo han conseguido.

La vida continúa tristemente en el campo. La falta de higiene, el cansancio, el frío, las inclemencias del tiempo, la casi nula alimentación, las terribles incomodidades, todo hace que la vida se deteriore entre los prisioneros, los cuales van cayendo enfermos diariamente por decenas.

Piden al Cielo no enfermar porque eso significa la muerte. Por eso, algunos, fantasmas de sí mismos, se arrastran al trabajo y hacen un esfuerzo titánico para no hacerse notar. Finalmente muchos caen al suelo derrumbados e invariablemente son cargados en la carreta que los lleva de vuelta a los barracones. Ya no verán otro atardecer.

La separación

Octubre de 1944.

El ejército ruso se acerca. Los nazis deciden llevarse a Alemania al mayor número posible de prisioneros que aún estén en condiciones de trabajar. Examinan a todas las mujeres. La madre de Ana, Edith, queda descartada para el traslado.

—¡Dios mío! ¡Hijas mías! ¡Tened fe en Dios!

—Vamos, Edith, ya se han ido; no podemos hacer nada. Confía, son fuertes y saldrán adelante.

Margot y Ana Frank son trasladadas en un tren abarrotado al campo de concentración de Bergen-Belsen. Ha sido un terrible viaje de tres días. Son ya varias las veces que han sido trasladadas. Es esta una fúnebre peregrinación que parece no tener fin.

Edith Frank, sin sus hijas, desesperada y medio loca, se ha quedado en Auschwitz. Allí enferma y muere el 6 de enero de 1945.

—¡Sana! ¡Enferma! ¡Enferma! ¡Sana!

El médico va haciendo una selección entre las recién llegadas al nuevo campo. Ve que muchas tienen sarna. Aunque pueden trabajar, las autoridades del campo no quieren que se mezclen y duerman con las sanas, por lo que se habilitan unas enormes tiendas de campaña fuera de los barracones.

Como si de leprosas se tratara, allí tienen que dormir, muertas de frío —es noviembre—, separadas de las demás. Ana y Margot se encuentran entre este proscrito grupo. El viento de la helada noche se cuela entre los faldones de las tiendas, acuchillando las desnudas piernas de las enfermas, que se acurrucan entre ellas para darse calor.

Unos días después de su llegada, las niñas se encuentran con una sorpresa muy agradable: la señora Van Pels acaba de llegar también al recinto. Se ven por casualidad en las filas de prisioneras que van al trabajo, pero la señora vive en otro barracón. Una vez más están juntas y eso consuela mucho a la señora. Por la noche, en las tiendas, se reencuentran, se abrazan las tres y lloran:

—¡Qué alegría encontraros aquí después de tanto tiempo!

—¿Dónde está mamá? ¿No ha venido con usted, señora Van Pels?

La señora Van Pels las mira y menea imperceptiblemente la cabeza.

—Había trenes a diario, a causa de los rusos, que se iban acercando. Según comentaban, estaban a cien kilómetros. Vaciaron todos los campos de Polonia.

—Yo ya no creo en los rumores —dice Ana.

Las toses de las enfermas en las tiendas de campaña se hacen cada vez más habituales y no las dejan prácticamente conversar.

—Estas toses son horribles. ¿Es que nadie puede hacer nada?

—Se acostumbrará, señora Van Pels —la mira con resignación—. Te acostumbras a todo.

—¿Y cómo estaba mamá? —inquiere Margot.

—Vuestra madre se volvió loca de pena cuando os separasteis. Vivía con la esperanza de que estuvierais en un sitio mejor.

—No lo es, señora Van Pels, este no es un sitio mejor. Ana y yo estamos mucho peor desde que hemos llegado aquí, yo ya apenas tengo fuerzas para levantarme por las mañanas. Racionamos el pan que nos dan para que nos dure todo el día, así engañamos al estómago, pero el problema es que es un tesoro muy apetitoso para los ladrones que se acercan a tu cama de noche para quitártelo.

—¡Dios santo! Estas toses son insoportables... Bueno, ahora me voy, mañana nos veremos otra vez después de la cena.

—¿Cena?

Y se aleja de las tiendas donde las voces y quejas se hacen cada vez más tenues.

La sarna ha dejado paso al tifus.

Prácticamente coincidiendo con el traslado de Ana y su hermana Margot a Bergen-Belsen, se produce la deportación del dentista compañero de fatigas de los Frank, Fritz Pfeffer. En octubre de 1944 es conducido a Neuengamme, un campo de características brutales, donde los trabajos pesados y la escasa alimentación, unidos a la falta de higiene, dejan decenas de muertos diarios detrás de sí. Parece como si a las autoridades no les importara siquiera mantener su mano de obra gratis; el desprecio por la vida parece no tener límites.

La alegría de Auguste van Pels por reencontrarse con las niñas no va a durar mucho. Unas semanas después de su llegada se la llevan en un tren de prisioneros rumbo a Raguhn, en la Alemania Oriental, a una sección del campo de concentración de Buchenwald. De allí la envían a Theresienstadt, en Chequia, lo que supone un alivio para la mujer porque esta era una colonia judía modelo para el mundo exterior. En Theresienstadt incluso se rodó una película propagandística con el título *Der Führer schenkt den Juden eine Stadt* («El *Führer* regala una ciudad a los judíos»), para transmitir esa sensación de modelo germánico al mundo. Pero en realidad se trataba de un campo de concentración, y el caso es que ya no la volverán a ver. Auguste van Pels fallece en territorio checo en mayo de 1945.

Este continuo trasiego, este ir y venir sin pausa, responde a los nervios cada vez más alterados de los alemanes que no solo están perdiendo la guerra sino que pretenden ocultar el genocidio indiscriminado que están llevando a cabo. Además, de esta forma tan inhumana, proporcionan con urgencia mano de obra allí donde se necesita, tapando brechas en la producción y la defensa pero dejando una inicua estela de miles de muertos sin sentido, ni siquiera práctico para ellos.

Cuando Edith Frank cae enferma y muere de hambre en enero de 1945, al levantar su cuerpo de entre las mantas encuentran algunos mendrugos de pan. Los guardaba para su marido y sus hijas.

Los nazis comienzan a hacer desaparecer todo rastro de la barbarie cometida: dinamitan las cámaras de gas, obligan a hacer marchas a la gente para trasladarlos de un campo a otro, antes de que lleguen los aliados. Muchos prisioneros son deportados a Alemania.

Pero, ¿qué ha sido de Peter, el hijo de los Van Pels? En enero de 1945, el ejército ruso se acerca cada vez más a Auschwitz. Los nazis, ya sin transportes efectivos, se ponen nerviosos y deciden evacuar a los prisioneros a pie. No quieren que el mundo vea las atrocidades que están cometiendo, lo que les perjudicaría al final de la guerra, así que se llevan a todos los que aún están en condiciones de andar. Peter van Pels es uno de ellos. Es pleno invierno. A estas marchas se las conoce como «marchas de la muerte», pues muchos prisioneros mueren agotados o acaban siendo fusilados por los guardianes.

Después de un viaje agotador, el 25 de enero de 1945 Peter van Pels llega por fin al campo de concentración de Mauthausen, Austria, mucho más lejos del frente. Cuando llegan al campo son obligados a empujar unos carros cargados con piedras y arena a paso rápido. Lejos de apiadarse, los celadores de la SS los aporrean cuando pasan junto a ellos, ya no solo por crueldad sino para debilitarlos en lo posible. Peter no lo resiste. Muere el 5 de mayo del mismo año.

Algunos caídos son llevados a la enfermería, antesala del infierno, peor de lo que las fantasías más descabelladas puedan imaginar. En cada cama hay tres, e incluso cuatro enfermos; a veces cinco. Están tumbados unos encima de otros. La mayoría no son más que esqueletos y no necesitan mucho espacio. No se mueven, no tienen fuerzas para moverse. Algunos están ya muertos y nadie parece darse cuenta ni parece importarles lo más mínimo.

Conservando la esperanza

El invierno de 1944-1945 es muy duro, las condiciones en Bergen-Belsen, donde están las niñas, empeoran aún más. No hay higiene, no hay comida. Las prisioneras enferman. Margot y Ana Frank contraen también el tifus.

Auschwitz es liberado el 27 de enero de 1945 por soldados rusos. Otto Frank se encuentra entre los casi 8.000 prisioneros que quedan con vida, pero está casi irreconocible: ha perdido veinte kilos, ahora pesa cincuenta. A Otto no le importa que sean comunistas o no, el caso es que parecen buena gente. No le interesa la política sino que lo liberen.

Una vez algo repuesto, la primera persona a quien escribe es a su madre. Le cuenta que ha sido liberado por los rusos, que goza de buena salud y que está animado, que sus salvadores le cuidan bien, pero a renglón seguido le dice que desconoce el paradero de Edith y las niñas, que los separaron el 5 de septiembre de 1944 y que lo único que sabe es que fueron trasladadas a Alemania. Termina encomendándose al Cielo y pidiéndole conservar la esperanza de reencontrarlas sanas y salvas.

En los edificios oficiales se apelotona la gente, que consulta, ansiosa, las listas publicadas por la Cruz Roja y los aliados con el nombre de los muertos o desaparecidos en los campos de concentración. Aquí la buena noticia reside en no aparecer en esas listas; de esa manera, siempre hay esperanza de volver a ver con vida al ser querido.

En las semanas que siguen a su liberación, Otto Frank se va restableciendo lentamente. Recupera peso y anda diariamente un rato. Además, no pierde ocasión para investigar el paradero de sus hijas, las únicas de las que no sabe nada con certeza. La esperanza no le abandona, puede que tarde o temprano den señales de vida, o las traiga la Cruz Roja a Amsterdam, pues el caos y el movimiento incesante de personas se extienden por toda Europa. Además, mucha gente tarda en volver a sus hogares porque no está todavía en condiciones de viajar.

En muchas partes de Europa todavía se combate. El 31 de marzo de 1945, Otto Frank con otros muchos prisioneros emprenden el viaje de regreso a sus hogares. En el caso de Otto, va a ser un largo viaje de dos meses y medio. Europa está patas arriba. Recala en Odessa, y allí embarca hasta Marsella. El resto del viaje hasta Amsterdam lo hacen en tren.

Durante este penoso viaje, se entera de que su mujer, Edith, ha muerto en Auschwitz, y se da cuenta de que su mujer siempre estuvo a unos pocos metros de él, los que separaban los barracones de hombres y mujeres. Él —piensa— ha tenido más suerte, o quizá no. ¿Por qué ella ha tenido que sucumbir y a él le queda pasarse el resto de su vida con estos terribles recuerdos? ¿Quién maneja el mundo, quién decide el que se va y el que se queda? ¿Los nazis? Ahora ya no está tan seguro.

Una vez en Amsterdam, se entera de que Miep y Bep no habían sido detenidas y de que sus amigos Kleiman y Kugler habían regresado de su cautiverio. Todos tenían sus propias historias tristes que contar. Sus amigos lloran con él la pérdida de su esposa, pero conservan con él la esperanza de que algún día las niñas regresen.

Otto Frank se queda a vivir con Miep y su marido Jan. Esos días no pierde el tiempo, hace lo imposible para saber de sus hijas. Incluso pone un anuncio en el periódico por si alguien sabe algo. Habla con algunos supervivientes de Bergen-Belsen y de cualquier otro campo, por si saben o han oído algo. Escribe a su hermana que no puede imaginar su vida sin las niñas, ahora que ya ha perdido a Edith. Le emociona demasiado escribir sobre ellas y las lágrimas le fluyen sin control. Naturalmente, no pierde la fe y pasa los días esperándolas.

Un día del mes de agosto se entera de que unas recién llegadas, las hermanas Brilleslijper, Janny y Lien, compartían el barracón con sus hijas y las conocían, así que inmediatamente va a verlas.

Apenas llama a la puerta del viejo edificio, sobrecogido el corazón por la esperanza y la emoción, le abre una chica un poco mayor que sus hijas, que le mira con unos ojos desmesuradamente grandes que todavía revelan las señales evidentes de las privaciones sufridas.

—¿Señorita?

—¿Sí?

—Me llamo Otto Frank, me han dicho que estuvo usted con mis hijas en Bergen-Belsen.

Primero, la chica duda, sorprendida, unos instantes; luego reacciona:

—Pase, señor Frank... En realidad le esperaba...

Y los ojos del señor Frank escrutan con ansiedad los de la chica intentando captar alguna señal de que todo ha ido bien, pero apenas consigue encontrase con sus ojos, que rehúyen su mirada.

El brillo de sus pupilas y un imperceptible temblor en la barbilla de la chica le revelan toda la verdad. Ya no hay necesidad de preguntar nada.

—La primera que se cayó de la cama al suelo de piedra fue Margot; ya no fue capaz de incorporarse. Ana falleció al día siguiente...

El 15 de abril de 1945, soldados ingleses liberan el campo. Se encuentran con miles de prisioneros muertos. Los pocos supervivientes están muy enfermos. No hay tiempo para sepultar a todos los muertos como es debido. Echan sus cuerpos en grandes fosas, incluidos los de Ana y Margot Frank.

Un recuerdo que perdura

Es tarde. La noche se cierne sobre Amsterdam. Un tenue lucero en el horizonte se deja ver. La gente se apresura hacia sus casas, pues se ha levantado un molesto viento que azota los rostros cansados de los transeúntes. Ruinas aquí y allá. Cascotes y hierros retorcidos por doquier. Otto Frank, sumido en sus tristes pensamientos, abre la puerta de la casa. Miep y Jan le esperan.

—Todo ha terminado. Las niñas han muerto.

Sus amigos se quedan mudos, no pronuncian palabra. En realidad no saben qué decir en esa situación. Con un nudo en la garganta, Jan intenta pronunciar algo que se queda en un ronco estertor. Ellos no tienen hijos aún, pero intuyen el desgarrador dolor que puede sentir un padre y un marido por la desaparición de los suyos.

Miep se dirige a un escritorio. Abre un cajón, y entre legajos de papeles y documentos, saca un cuaderno. Es el diario de Ana, que ella había guardado todo ese tiempo. Siempre tuvo la esperanza de poder devolvérselo a la propia autora, ahora lo saca y extiende el brazo hacia Otto solemnemente:

—He aquí el legado de su hija Ana.

Tres días pasa Otto intentado hacerse la idea de que está solo en el mundo. ¿Pero realmente está solo? Se da cuenta de repente de que está rodeado de amigos, de personas que no únicamente le tienen lástima, sino que de verdad le quieren, que han arriesgado su vida por ayudarle a él y a su familia. Repuesto algo del gran golpe escribe a su madre: «Miep consiguió salvar por casualidad un álbum y el diario de Ana. No he tenido fuerzas para leerlo».

Hasta el mes siguiente, septiembre de 1945, no comienza Otto la lectura del diario. Empieza a leerlo lentamente, algunas páginas por día, le es imposible leer más, pues los tristes recuerdos le inundan y amenazan con ahogarlo en la tristeza. Sin embargo, poco a poco se va enfrascando en la lectura. Esos recuerdos son como un imán para él. Ahora resultan toda una revelación, se da cuenta de que no conocía a su hija tan bien como creía. Se le hace patente una Ana totalmente distinta de la hija que había perdido. Vuelve a escribir a su madre para decirle que le cuesta interrumpir la lectura del diario de Ana. ¡Es tan increíblemente apasionante! Asegura que nunca se lo prestará a nadie, pues reconoce que contiene muchos párrafos que ninguna otra persona debe leer. No obstante, le dice a su madre que hará un resumen. Termina asegurando que nunca imaginó que su hija tuviera unos sentimientos y pensamientos tan profundos.

Durante la lectura se entera de que Ana esperaba el final de la guerra para comenzar su carrera de escritora, y que planeaba escribir la historia de su encierro en la Casa de Atrás; incluso ya había empezado a pasar algunas páginas a limpio. Después de dudarlo mucho, Otto decide hacer realidad los deseos de su hija y publicar su Diario. La primera edición salió en 1947.

Epílogo

«Tengo casi noventa años y mis fuerzas decaen. Pero la tarea que me ha encomendado Ana me da siempre nuevas energías para luchar por la reconciliación y los derechos humanos en todo el mundo», escribió Otto Frank en 1979. «Fue para mí una gran sorpresa el que Ana hubiese profundizado tanto en el problema y el significado de la pasión judía a través de los siglos, y que hubiese sacado tantas fuerzas de su fe en Dios.»

En 1954, la Casa de Atrás se encuentra en mal estado. El edificio de Prinsengracht 263 ya no es propiedad de Otto Frank, sino que pertenece a la empresa Berghaus. Existen planes para derribarlo. Tras protestas de la población de Amsterdam, en enero de 1957 las autoridades municipales ofrecen a Berghaus un precio para la adquisición y un proyecto alternativo para salvar el edificio. De este modo, el proyecto de demolición queda archivado.

El número de personas deseosas de ver con sus propios ojos el lugar donde Ana Frank escribió su diario aumenta día a día, pero la Casa de Atrás está prácticamente en ruinas. Un grupo de vecinos de Amsterdam decide unirse para hacer algo al respecto. Su principal objetivo es la conservación del refugio. El 3 de mayo de 1960 se inauguró oficialmente la Casa de Ana Frank. El escondite secreto se ha convertido ahora en museo.

Una vez restaurada la casa, le preguntaron a Otto Frank si había que volver a amueblar las habitaciones. Él dijo que no. Durante la guerra se lo llevaron todo y quiso que así se quedara.

El 3 de mayo de 1957, un grupo de ciudadanos erige la Fundación Ana Frank. Entre sus objetivos principales figura conservar el refugio y propagar los ideales legados al mundo por Ana Frank. Otto Frank asiste a la ceremonia constituyente. En octubre de 1957, la empresa Berghaus cede el edificio a la Fundación Ana Frank por una suma simbólica. Tres años más tarde, el 3 de mayo de 1960, el refugio queda oficialmente abierto al público.

En la antigua casa de delante, donde trabajaban los protectores, se crea un espacio para organizar charlas, cursos y conferencias. Otto Frank desea que la Casa de Ana Frank sea más que un museo. Quiere celebrar encuentros entre jóvenes de todo el mundo, pues, según dice «no coincidiría con el espíritu de Ana que el refugio fuese únicamente un lugar conmemorativo en el que mirar atrás, en una especie de duelo inútil».

Sin embargo, la gran notoriedad que adquiere el diario de Ana Frank se debe sobre todo a su adaptación escénica. Con ocasión del estreno de la obra en Nueva York, Otto Frank escribe una carta dirigida a todos los participantes, en la que explica por qué le resulta imposible asistir. La idea de «ver» a su mujer, a sus hijas y a sí mismo representados en escena le resulta demasiado doloroso.

El público y los críticos que sí acuden al estreno reciben la obra con entusiasmo. *El Diario de Ana Frank* se hace acreedor de importantes premios, como el Pulitzer, el Tony y el premio a la mejor obra teatral otorgado por el círculo de críticos neoyorquinos. El enorme éxito alcanzado hace que la pieza se represente también en otros países. El estreno holandés se lleva a cabo el 27 de noviembre de 1956 en presencia de la reina Juliana y el príncipe Bernardo. En Alemania causa una profunda impresión; la ven más de dos millones de personas. El público guarda a menudo silencio durante varios minutos al terminar la función.

Otto Frank declaró al respecto: «Sobre todo los jóvenes me preguntan una y otra vez cómo han podido ocurrir estos hechos tan monstruosos. Yo les contesto lo mejor que puedo, y al final de mis cartas suelo ponerles: Espero que el libro de Ana pueda inspirarte cuando seas mayor, para que en tu entorno puedas luchar, en la medida de lo posible, por la paz y el acercamiento entre los hombres».

En la actualidad, más de cincuenta años después de la inauguración oficial, la Casa de Ana Frank recibe anualmente a más de 900.000 visitantes procedentes de todo el mundo.

Índice

Colección biografía joven

Ana Frank

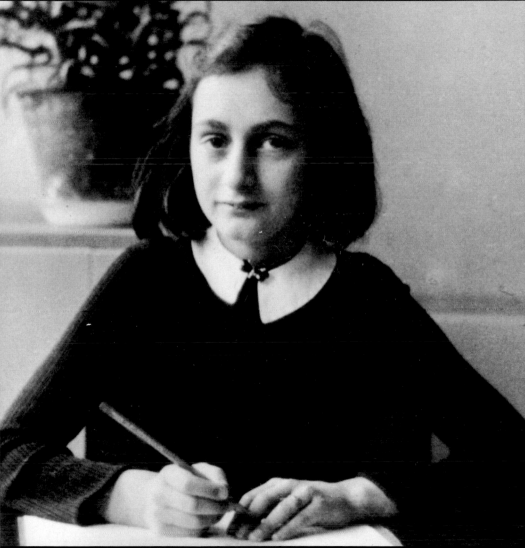

CUADERNO DOCUMENTAL

El antisemitismo

Esta imagen de 1614 muestra la violencia contra los judíos de Frankfurt, donde nació Ana.

El antisemitismo —nombre con el que se designa el rechazo a los judíos— existe desde hace siglos. Desde que los romanos echaron de Palestina a los hebreos en el año 70, los judíos no han tenido descanso. Perseguidos en casi todos los países donde se instalaban, eran al principio tolerados, pero los prejuicios de personas de otras culturas les cargaba la culpa de todos sus males. Se los discriminaba e incluso se los mataba. El resto de la población percibía su peculiar manera de ser, sus tradiciones celosamente guardadas. Todo ello provocaba el recelo y la desconfianza de los que les rodeaban.

Hitler se aprovechó de estos sentimientos antisemitas de la población, a veces latentes, otras no tanto. Se argumentaba que Alemania había perdido la Primera Guerra Mundial por culpa de los judíos y que la democracia era un invento malsano de ellos.

Sin embargo, los judíos eran alemanes, habían vivido en Alemania durante varias generaciones, lo único que les separaba de sus congéneres era su religión. Medio millón de judíos vivían en Alemania cuando Hitler llegó al poder. Eran médicos, abogados, empresarios, banqueros, científicos; en definitiva, gente influyente. Muchos habían combatido en el ejército alemán en la Primera Guerra Mundial. Después de la guerra, varias decenas de miles de soldados judíos alemanes recibieron una condecoración por su valor.

En definitiva, el odio hacia los judíos no era algo nuevo, pero los nazis lo llevaron hasta el extremo.

Berlín en 1933. Unos de los grandes almacenes de propiedad judía pintados con la palabra «judíos».

Cartel de propaganda antisemita: «Detrás del poder enemigo: el judío».

La Casa de Atrás

Actualmente, el sitio donde Ana tuvo que esconderse con siete personas más se ha convertido en una casa-museo, donde han entrado ya millones de personas.

La Casa de Atrás se encuentra en su estado original. Objetos, fotos y papeles que pertenecieron a los escondidos se exponen ahora al público. Pero no solo se pueden visitar las habitaciones donde dejaron una parte importante de su vida los ocho refugiados, sino también las otras dependencias: las oficinas, los despachos y los almacenes, que se encuentran en el mismo estado en que lo dejaron. Así los visitantes pueden familiarizarse con las circunstancias que rodearon a los protagonistas y observar el diario original. Además, se proyectan películas que narran los hechos en su contexto histórico.

1 Otto, Edith y Margot Frank: 5,03 m de largo × 3,13 m de ancho y 2,83 m de alto

Entrada a la Casa de Atrás

2 Ana Frank y Fritz Pfeffer: 5,05 m de largo × 2,09 m de ancho y 2,83 m de alto

4 Peter van Pels: 3,91 m de largo × 2,11 m de ancho y 2,63 m de alto

3 Cuarto de estar común y habitación del matrimonio Van Pels: 5,68 m de largo × 5,14 m de ancho y 2,63 m de alto

5 Desván: 7,30 m de largo × 5,68 m de ancho

Otto mostrando la estantería giratoria.

Los primeros habitantes

OTTO FRANK
Nació en Frankfurt el 12 de mayo de 1889. Segundo de cuatro hermanos, trabajó con su padre en el banco de la familia, judíos liberales. En la Primera Guerra Mundial combatió, lógicamente como alemán que era, en las filas alemanas. Llegó al rango de teniente. Sus conocidos le describen como un ser bondadoso y fuerte a la vez, con gran sentido común y mucha humanidad. En su escondite forzoso, cuando había que tomar una decisión, «todos los ojos se volvían hacia él».

EDITH FRANK
Edith Holländer nació el 16 de enero de 1900 en Aachen. Era la menor de cuatro hermanos de una familia de judíos ortodoxos. Observaban la Ley judía, y constituían la principal familia de su comunidad. El padre de Edith era un gran industrial. Se casó con Otto por el rito judío en 1925. Durante su reclusión, vivirá con tiranteces la adolescencia de su hija, pero su presencia será fundamental para el buen funcionamiento de la casa.

MARGOT FRANK
Margot es tres años mayor que su hermana Ana. Tranquila, inteligente, no se hace notar mucho en la convivencia forzosa. Se lleva muy bien con Ana y comparten una intimidad. Al igual que Ana, Margot llevó un diario, pero este no se ha encontrado nunca.

ANA FRANK
Era una chica vivaz, habladora, con muchos amigos antes de verse obligada a enfrentarse a la convivencia forzada con los adultos. Pero lo que nadie sospecha es su gran capacidad de observación y madurez interna, aspectos que conoceremos a través de la lectura de su diario. Adoraba a su padre.

de la Casa de Atrás

HERMANN VAN PELS

Hermann van Pels empezó a trabajar para Otto Frank en 1938, antes de la guerra. Carnicero de profesión, sirvió al señor Frank con eficacia y fidelidad, y fue uno de los escogidos para compartir los casi tres años de reclusión en la Casa de Atrás.

AUGUSTE VAN PELS

Auguste van Pels es la elegante y coqueta esposa de Hermann. Es la cocinera de la casa. Aunque divertida y dinámica, es la principal causante de las pequeñas discusiones que se originan, ya sea con Ana, con su madre, su esposo…, con todos menos con el señor Frank, que la sabe llevar.

PETER VAN PELS

Peter era el hijo único de los Van Pels. Muy dispuesto: pela patatas, hace la limpieza del ático, cuida del gato… Era algo mayor que Ana. Al principio no se llevaban ni bien ni mal, pero el forzoso encierro surtirá su efecto: acabó enamorándose de ella.

FRITZ PFEFFER

Fritz Pfeffer, el dentista, es el último en llegar al refugio. Justo cuando se encuentra en gran peligro, puede esconderse gracias a la humanidad de Otto Frank, que piensa que aunque estén un poco apretados hay que ayudarle. Buena persona pero algo maniático.

MIEP GIES

Hermine (Miep) Gies es la proveedora diaria de las necesidades materiales de los ocho escondidos. Comenzó a trabajar como secretaria de Otto, y luego se dedicó a la publicidad de Opekta. Rescató el diario de Ana cuando esta fue detenida. Al conocer su muerte, se lo entregó a su padre.

BEP VOSKUIJL

Bep (Elisabeth) Voskuijl desarrolla el trabajo de oficina de Opekta. Observa que muchos enseres se llevan al almacén de atrás, pero no comprende qué está pasando hasta que Otto le cuenta el plan para esconderse con su familia. Ella le ofrece inmediatamente su ayuda incondicional. Bep se inscribe en un montón de cursos por correspondencia usando su propio nombre para que los escondidos puedan estudiar y pasar el tiempo. Casi todas las noches cena con ellos.

y los protectores

VICTOR KUGLER

Victor Kugler es uno de los primeros empleados de Otto. Es especialista en especias. Lleva
libros, periódicos y revistas a los escondidos.
A veces cupones de racionamiento, e incluso
dinero. El peso y el estrés de su responsabili-
dad son enormes, no habla nunca con nadie,
ni siquiera con su mujer, que no conoce el gran
secreto. Les cuenta las últimas noticias disfra-
zadas siempre de optimismo y obvia las malas.
Su apoyo moral es muy importante.

JAN GIES

Jan Gies, marido de Miep Gies, tiene contactos
en el ayuntamiento de Amsterdam, por lo que
sirve de inapreciable ayuda para conseguir
ropa, comida y cigarrillos para Hermann van
Pels.

Los guetos y los campos

Un gueto es una zona separada para que vivan allí las personas que tienen un origen étnico, una religión o una cultura determinados. Pueden vivir en un gueto de manera voluntaria o involuntaria y en mayor o menor reclusión.

El primer gueto fue el de Venecia (1516) que fue creado para confinar a los judíos que llegaban procedentes de España, porque allí eran expulsados. Y se extendieron por el centro y norte de Italia en el siglo XVI. Ciudades como Praga, Frankfurt o Hamburgo tenían guetos, pero en otros lugares de alta concentración de población hebrea, como Cracovia (Polonia), no existían guetos sino barrios judíos.

Poco a poco, se abolieron los guetos y en el siglo XIX se derribaron sus muros. El último gueto en Europa Occidental fue el de Roma, que se abolió en 1870.

de concentración

Durante el régimen nazi, Alemania recuperó el sistema de guetos en Europa Oriental para confinar a la población judía y también la gitana; eso les permitía un mejor control. A esos guetos se transportaron habitantes de toda Europa, que quedaban privados de cualquier derecho, vivían hacinados en malas condiciones, pésima alimentación y obligados a trabajar para la industria bélica alemana. Progresivamente, eran deportados a campos de concentración y exterminio.

El 21 de junio de 1943 se emitió un decreto que ordenaba la disolución de todos los guetos de la Europa Oriental, su transformación en campos de concentración y la deportación de sus ocupantes a campos de exterminio.

El periplo vital de Ana Frank: desde Frankfurt, su lugar de nacimiento, hasta Auschwitz, donde murió.

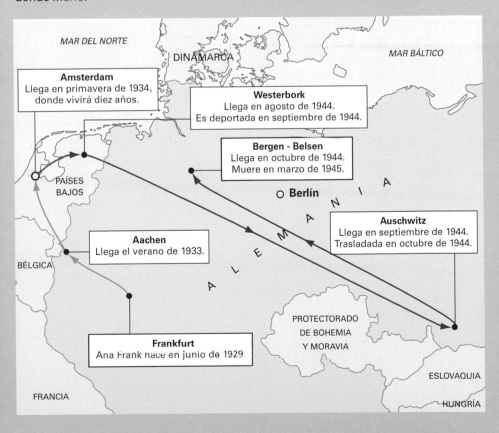

MAR DEL NORTE

DINAMARCA

MAR BÁLTICO

Amsterdam
Llega en primavera de 1934, donde vivirá diez años.

Westerbork
Llega en agosto de 1944.
Es deportada en septiembre de 1944.

Bergen - Belsen
Llega en octubre de 1944.
Muere en marzo de 1945.

PAÍSES BAJOS

○ **Berlín**

A L E M A N I A

Auschwitz
Llega en septiembre de 1944.
Trasladada en octubre de 1944.

Aachen
Llega el verano de 1933.

BÉLGICA

PROTECTORADO DE BOHEMIA Y MORAVIA

Frankfurt
Ana Frank nace en junio de 1929

ESLOVAQUIA

FRANCIA

HUNGRÍA

Polonia. Exterior de los barracones de los reclusos en el Memorial y museo Auschwitz-Birkenau, campo de exterminio de 45 km² instalado por los nazis en el que perecieron aproximadamente 3,5 millones de judíos y polacos entre 1940 y 1945.

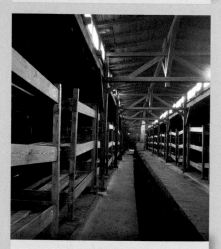

Interior de un barracón del Memorial y museo de Auschwitz, en Polonia.

En toda la Europa ocupada por los alemanes, los nazis arrestaron a aquellos que se resistían a su dominación y a quienes consideraban de raza inferior o inaceptables desde el punto de vista político. Las personas que arrestaban, por resistirse al régimen alemán, fueron en su mayoría enviadas a campos de concentración o de trabajos forzados.

Los alemanes deportaron a los judíos de toda la Europa ocupada a los campos de exterminio de Polonia, donde fueron asesinados sistemáticamente, y también a campos de concentración, donde fueron usados para realizar trabajos forzados.

Los campos de tránsito, como Westerbork, Gurs, Mechelen y Drancy en Europa Occidental, y los campos de concentración, como Bolzano y Fossoli di Carpi en Italia, fueron utilizados como centros donde se reunía a los judíos que luego eran deportados en trenes a los campos de exterminio. Según los informes de las SS, había más de 700.000 prisioneros registrados en los campos de concentración en enero de 1945.

Hornos de cremación en Auschwitz.

Polonia. Interior de la cámara de gas del actual Memorial y museo de Auschwitz-Birkenau. En septiembre de 1941 fue instalada la primera y en 1942 se añadieron dos más mediante la adaptación de las casas rurales de Birkenau, los llamados búnkers 1 y 2.

■ Campo de concentración
(no están representados todos)

■ Campo de exterminio

— Fronteras
actuales de Europa

Tercer Reich

NORUEGA
Ulven
Grini
Berg
Vaivara
ESTONIA
RUSIA
SUECIA
LETONIA
Kaiserwald
LITUANIA
DINAMARCA Horserod
MAR DEL NORTE
Stutthof
Maly Trostenets
Neuengamme Ravensbrück
Soldau
REINO
UNIDO
Westerbork
Sachsenhausen Potulice
Treblinka
Amersfoort
Bergen-Belsen
Chelmno
Herzogenbosch
Arbeitsdorf
Mittelbau-Dora
Majdanek
Sobibor
Lager Syly
(Anderney)
Breondonk
Niederhagen
Gross-Rosen
Belzec
Compiègne
Malines
Buchenwald
Auschwitz Plaszow
Breitenau
Zaslaw
Drancy
Hinzert
Lety
Flossenbürg
Hodonin
Novaky
Pithiviers
Struthof
Mathausen
Vyhne
Dachau
Sered
Kistarcsa
FRANCIA
Ebensee
HUNGRÍA
SUIZA
Bolzano
Jasenovac
RUMANÍA
San Sabba
Sajmiste
Asti
Schabatz Topovske Supe
Gurs
Fossoli
Rab
Crveni krst
BULGARIA
Vernet
Nish
Dupnitsa
ITALIA
Servigliano
Skopje
ESPAÑA
MAR
MEDITERRÁNEO
GRECIA
TURQUÍA

Cronología de la vida de Ana Frank

12 de junio de 1929

Nace Ana Frank en Frankfurt del Main.

1933

Los Frank emigran a Amsterdam.

1935

Ana comienza a ir a la escuela Montessori School de Amsterdam.

1939

La abuela Holländer se muda de Aachen (Aquisgrán) a casa de los Frank.

1941

Se obliga a los judíos a ir a escuelas separadas de los arios. Ana y Margot van al Liceo Judío.

Enero de 1942

La abuela Holländer muere de cáncer.

12 de junio de 1942

13º cumpleaños de Ana. Entre los regalos figura un diario.

5 de julio de 1942

Margot recibe una citación para ir a un campo de trabajo en Alemania.

6 de julio de 1942

La familia Frank se muda al escondite de la Casa de Atrás.

4 de agosto de 1944

Los ocho escondidos son descubiertos.

8 de agosto de 1944

Los detenidos son enviados al campo de tránsito de Westerbork, en Holanda.

3 de septiembre de 1944

Los ocho son deportados al campo de exterminio de Auschwitz-Birkenau, en Polonia.

5 de septiembre de 1944

Después de un horrible viaje, llegan a Auschwitz.

Octubre de 1944

Ana y Margot son enviadas al campo de concentración de Bergen-Belsen, en Alemania.

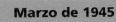

Marzo de 1945

Ana y Margot mueren en Bergen-Belsen.

Julio de 1945

Otto Frank se entera de la muerte de Ana y Margot. Miep Gies entrega el diario de Ana a su padre.

25 de junio de 1947

Otto Frank publica por primera vez el diario de Ana en Holanda. Este se convierte en un best-seller.

El recuerdo de Ana Frank

5535 Annefrank es un asteroide de la familia denominada Augusta. Fue descubierto en el año 1942 por el astrónomo alemán Karl Reinmuth, pero hasta 1995 no se le bautizó con el nombre de Ana Frank.

En 2002, la sonda espacial Stardust pasó a una distancia de 3.079 kilómetros de su superficie, fotografiándolo y descubriendo que su diámetro de 6,6 x 5,4 x 3,4 kilómetros era aproximadamente el doble del calculado con anterioridad. La sonda mostró además que era muy irregular y estaba cubierto de cráteres. A partir de las fotografías de la Stardust, se calculó su albedo en 0,24.

The Diary of Anne Frank es una película de 1959, dirigida por George Stevens con guión de Frances Goodrich y Albert Hackett, basada en la obra de teatro del mismo nombre ganadora de un Premio Pulitzer en 1959, basada a su vez en el diario de Ana Frank. La protagonizó Millie Perkins, haciendo el papel de Ana. Esta película ganó tres premios Oscar.